Human Nature Theory

休謨主義的人性科學

劉燁，曾紀軍——編譯

人性論、因果問題、歸納推理、自我理論

David Hume

英國哲學家 × 歷史學家 × 經濟學家

開創了近代歐洲哲學史上第一個不可知論的哲學體系
18世紀貨幣數量論的代表，對政治經濟學有巨大影響
全面、豐富、深刻的哲學，與人性密不可分的倫理學

前言

大衛・休謨（西元一七一一年至一七七六年），英國哲學家、歷史學家、經濟學家，在哲學上的地位與康德相當。

休謨開創了近代歐洲哲學史上第一個不可知論的哲學體系。其懷疑論為英國十九世紀的非宗教哲學思想提供了理論基礎，其不可知論觀點被實證主義者、經驗批判主義者和新實證主義者繼承，對現代西方資產階級哲學有廣泛的影響。

休謨一生的著作不多，但都是深刻而意義非凡，包括了《人性論》、《道德和政治論文集》、《人類知性研究》、《道德原則研究》、《宗教的自然史》、《自然宗教對話錄》、《自凱撒入侵至一六八八年革命的大不列顛史》等。

休謨生活在英國資產階級，即從「光榮革命」結束到產業革命開始的時代。這時，資產階級的進步性和保守性交織在一起，作為資產階級思想代表人物的休謨，貫徹經驗論觀點，提出了懷疑論，以動搖唯物主義、唯心主義為特色。

自培根以來，哲學家和自然科學家已經運用實驗和觀察的方法建立起自然哲學體系；但在精深哲學方面，仍然沒有新的體系。直到休謨應用實驗推理的方法，直接剖析人性本身，一個嶄新的精神哲學體系才得以形成。

休謨的精神哲學體系，大致包括為人們熟知的社會倫理、政治學說、認識論學說以及宗教哲學學說等幾個部分。此外，他在經濟方面的見解也不同凡響。

休謨是十八世紀貨幣數量論的代表，反對重商主義，其關於國際貿易的學說對英國古典政治經濟學有很大的影響。他的社會歷史觀點以人性論為基礎，把對財富、享樂和權力的追求看作人的本性，認為無論何時何地，人性都是不變的。這種觀點發現了人性的普遍原則，提供了經驗教訓。

總之，休謨全面、豐富並且深刻的哲學，與人性密不可分，這也是他在哲學領域能取得偉大成就的原因。

正因為此，本書特從人性角度出發，對休謨在人性、政治、經濟、懷疑、宗教等方面的理解作相關的介紹，致力在有限的篇幅內，盡量囊括休謨全部的哲學思想，期望讀者能輕鬆領略這位哲學大師的深邃智慧。

休謨生平

大衛．休謨（David Hume）原名大衛．休姆，一七一一年五月七日出生於蘇格蘭愛丁堡。父親是在寧威爾區擔任律師的約瑟夫．休姆，屬於休姆伯爵家族的一支，繼承了祖上的產業。母親是法爾科內夫人，法學院院長大衛．法爾柯納爵士之女，其兄世襲了霍克頓的勛爵爵位。

休謨是這對家世良好的夫婦的次子，之後他們還生育了一個女兒。休謨的父親約瑟夫．休姆才華橫溢，不幸他在休謨幼年時便英年早逝，留下妻子隻身照顧三個子女。

雖然家境並不富裕，但在具有非凡美德的法爾科內夫人的悉心撫養下，休謨童年時還是受到了良好的教育，他對文學的熱愛便是在此時養成的，這個興趣甚至主宰他一生的熱情，是他快樂的泉源。

十二歲時，休謨就已經跳級到愛丁堡大學就讀。因為好學、冷靜、勤奮，他在家人的建議下選擇攻讀法律，但很快發現自己真正喜愛的是哲學。所以他並沒有刻苦鑽研當時著名的法學家富特和維紐斯的著作，而是如飢似渴地閱讀西塞羅和維吉爾的作品。

十八歲時，休謨在哲學方面的研讀成果，使他決定完全投入這個「全新的思考領域」，也使他決心「拋棄其他所有快樂和事業，完全奉獻在這個領域」。但傾心哲學研究需要足夠的物質支持，歸因於由長子繼承家產的慣例，休謨得到的微薄家產得以勉強維持一段時間的生計。

因此在這種情況下，一七三四年，休謨不得已隻身前往異鄉經商，但他很快便發現了自己並不適合這一行。就在這一年，他將名字從休姆改為休謨，因為英國人很難以蘇格蘭的方言正確念出休姆這個名字。

經商失敗數月後，休謨便去了法國。為了潛心研究學問，他只得在鄉下隱居，並制定了一生的計畫。他嚴格執行著自己的計畫，過著一種非常簡樸的生活，以彌補財產的不足。

最終，休謨在法國三年的隱居生活，完成了《人性論》；一七三七年，去了倫敦；一七三八年，《人性論》正式發表。雖然該書在現代備受矚目，但在當時並沒有引起足夠的重視。用休謨自己的話說：「媒體對這本書的反應一片死寂，甚至沒有激起任何狂熱者的抱怨。」

雖然《人性論》在當時沒有獲得迴響，但該書的寫作過程卻是異常艱辛，幾乎使年輕的休謨精神錯亂。為了回復正常的思考能力，休謨決定暫時返回平凡生活。在《人性論》發表後，他很快便去看望母親和哥哥。

所幸，《人性論》的沉寂並沒有打倒休謨，他在鄉下很快便恢復狀態，並繼續研究。一七四二年，休謨感覺《人性論》的失敗肇因於寫作方法，於是在愛丁堡重寫了《人性論》的前半部分，即《人類知性研究》。

一七四四年，休謨在出版《道德和政治論文集》一書後，申請擔任愛丁堡大學「倫理學和精神哲學系」的教授，但被大學拒絕。

一七四五年，休謨應邀擔任安納戴爾侯爵的家庭教師。在這一年左右的時間裡，休謨的財務狀況有了顯著的改善。一七四六年，休謨又應邀成為聖．克萊爾將軍的遠征軍祕書；次年，他又擔任這位改任英軍駐維也納和都靈的宮廷使節祕書。在休謨的一生中，這兩年是他唯一中斷研究的兩年。他愉快地度過了這兩年，並獲得了足以自立的財產。

休謨在都靈期間，其《人類知性研究》在家鄉愛丁堡出版，與《人性論》的「一片死寂」相比，該書獲得了一定的迴響。

從義大利回到英國後，休謨發現米德爾頓的《自由探詢》一書備受關注，而自己再版的《道德與政治散文集》仍沒有收到多少迴響，這使他感到十分羞辱。然而，這些挫折都沒影響到他的研究和創作。

一七四九年，休謨再次回到鄉下，在哥哥家中住了兩年，此時，他的母親已經過世。在這兩年期間，休謨完成了《道德和政治論文集》和《道德原則研究》（即《人性論》重寫的另一部分）；與此同時，休謨的第一本著作《人性論》逐漸引起人們的關注，甚至需要再版才能滿足逐漸上升的銷量需求。

一七五一年，休謨從鄉下回到城中居住；一七五二年，他在愛丁堡出版了《道德與政治論文集》。該書初版即獲得成功，在英國國內外大受歡迎。同年，《道德原則研究》也一併出版，此書雖然最為休謨重視，問世之後卻無人問津。

一七五二年，休謨被聘為蘇格蘭律師公會的圖書館管理員。雖然這份工作收入微薄，但卻使他有了博覽群書的機會，於是他開始制定《大不列顛史》的寫作計畫。

休謨認為，貫穿一千七百年的《大不列顛史》取材廣泛，內容豐富，適合社會各階層，應該會獲得認同。但事實卻完全相反，該書第一卷即遭到英國人、蘇格蘭人和愛爾蘭人，輝格黨人和托利黨人，以及一些教士和非國會派新教徒等，幾乎所有人的一致譴責；而且更令人難以接受的是，在這些人暴怒之後，這本書甚至被完全遺忘了。

《大不列顛史》在一年中只售出了四十五本，這種失敗是不言而喻的。這次，休謨的確開始灰心喪氣了，若不是當時爆發了英法戰爭，他很可能就此放棄研究和寫作，到鄉下隱居。但由於特殊的環境，休謨還是鼓起勇氣，繼續寫作這本巨著。

此間，休謨還在倫敦出版了《宗教的自然史》一書，以及一些小型作品。一七五六年，《大不列顛史》的第二卷開始出版。相比於第一卷，此卷為許多人所接受，銷量也有了顯著的增加。

一七五九年，休謨發表了《大不列顛史：都鐸王朝史》，此書也招致了很多反對聲音，但休謨並不理會這些，繼續潛心於《大不列顛史》的寫作；一七六一年，休謨完成並出版了《大不列顛史》。此時，該書正逐漸被人們認可，銷量也有所回升。

經過多年的寫作，休謨在經濟上完全自立了，甚至可以說是富有。此時，年屆五旬的休謨回到了故鄉蘇格蘭，打算在這裡平靜的度過餘生。

一七六三年，赫特福德伯爵再三邀請休謨陪同自己出使巴黎，休謨只得應邀前往。不久，休謨便被任命為使館祕書。一七六五年，赫特福德伯爵被任命為愛爾蘭總督，離開了巴黎。休謨擔任了臨時代辦，持續到年末里奇蒙公爵的到來。

一七六六年初，休謨從巴黎回到了愛丁堡，打算繼續隱居，但又一次事與願違。一七六七年，康威先生邀請休謨擔任副國務大臣，因為康威先生的人品以及自己與赫特福德伯爵的友誼，休謨只得再次應邀。

一七六九年，休謨回到愛丁堡時已經頗為富有，雖然上了年紀，身體也還健康。

一七七五年春，休謨患了腸胃病，最初沒有留意，這種病卻很快成為不治之症。

一七七六年八月，休謨因胃癌在愛丁堡逝世。

目錄

第一章　自愛與仁愛並存

第四章　感覺之外的存在

第一章　自愛與仁愛並存

關於人性本質的理論，通常是排除人的社會性和階級性後，解釋人共同本質的學說。在中國古代的哲學中，即有性善論、性惡論等學說；在歐洲，文藝復興後的資產階級，提倡以個人解放為核心的人性論，但這種理論並沒有按照人的歷史發展來解釋人性，只是談及共有的人性；而休謨認為，在人性中自愛和仁愛並存，並試圖剖析人性中的理智和情感，建立一個新的科學體系。

論驕傲與謙卑

心靈中每一種有價值的要素，如機智、博學、勇敢、正義、正直等等，都是會讓人驕傲的原因；而與此相反的要素，則是會讓人謙卑的原因。這種情感的產生並不局限於心靈，身體也可以產生一定的影響。

驕傲與謙卑是單純而一致的印象，所以不管如何解釋，也無法對它們作出準確的定義；我們最多只能做到，將與這兩種情感密切相關的條件一一列舉，並加以描述。不過，驕傲和謙卑是相通的，而且兩者都是極為常見的現象，所以每個人對它們都能有正確的認識。

眾所周知，驕傲和謙卑的詞義正好相反，但都有一個共同的說明對象，這個對象就是自我，或我們意識到的一串相關觀念和印象。

當我們受這些情感影響而激動緊張時，觀點總是固定在自我。我們的自我觀念時而顯得優越，時而表現得不怎麼優越。我們會因驕傲而欣喜異常，或者因謙卑而鬱鬱寡歡。

我們的心靈不管外界是什麼對象，總是要著眼於自身，否則對象便不可能激發起這些情感，讓它們釋放或者壓抑；所以當自我被忽略時，驕傲或謙卑便也無從談起了。

雖然所謂自我的連續性知覺，永遠都是這兩種情感的對象，但是自我並不能成為這些情感的原因，或僅憑自身就能夠激發起這些情感。因為這些情感雖然正好相反，卻有同一個對象。

因此，假設這些情感的對象亦是原因，那麼，一旦這個對象產生了任何程度的情感，就會不可避免激發起相同程度的另一種情感。這種對立必然會互相消滅。一個人不可能同時驕傲和謙卑，即使他發生這種情況，這些情感也只是交替發生，或是在相遇時，占有優勢的一方盡全力消除另一方——結果是，優勢方剩下的部分會繼續影響心靈。

但現在的情況是：沒有一種情感占有優勢。因為假如僅僅是自我觀點就能激發起這些情感，那麼這個觀點既然對兩者是漠然的，勢必就會出現以同一比例產生兩種情感的情況，即最後不可能產生任何一種情感。如果一面激發起某種情感，另一面又激發起勢均力敵的對立情感，等於是前功盡棄，最後讓心靈歸於完全的平靜。

所以，我們一定要區分這些情感的原因和對象，區分激發情感的那個觀念，與那個情感一經刺激，便被我們參照的那個觀念。

驕傲和謙卑一旦被激發，我們的注意力便會立即轉向自我，並將自我看成它們的最終對象。但要產生這些情感，還需要一種東西，即其中一種感情特有的，而又不會產生同樣強度的兩方。出現在心靈上的第一個觀念，便是一個原因的觀念，此種觀念一旦被激發與之相關的情感，便會將我們的觀念轉向另一個觀念，即自我觀念。

所以，這裡就有一種情感處於兩個觀念之間，其中一個產生情感，另一個是被情感產生。由此可知，第一個觀念代表情感的原因，第二個觀念則代表情感的對象。

對此，可以先從驕傲與謙卑的原因說起。我們可以說，它們最鮮明的特徵就是，這兩種情感可以引發主體的多樣性。

心靈的每一種有價值的因素，如機智、博學、勇敢、正義、正直等等，都是會讓人驕傲的原因；而與此相反的性質，則是會讓人謙卑的原因。這種情感的產生並不局限於心靈，身體也可以產生影響。如一個人肯定會因其容貌、體格、舞技、騎術、劍術、以及其他任何技藝方面的優秀感到驕傲。

當然遠不止這些。將這些情感看得更廣泛時，甚至包括了所有與我們有絲毫關聯的對象：我們的國家、家庭、子女、親友、財物、住宅、花園、家畜、衣服等等，任何一種都能夠使我們為之驕傲或謙卑。

因為考慮到這些，重新區分這些情感的原因是十分必要的，即區分那種發生作用的性質，和它寓存的主體。

比如，一個人因為擁有一棟漂亮的房子，或因為自己設計了漂亮的房子而感到得意。此時，情感的對象就是他自己，其原因則是漂亮的房子。而這個原因又可再分為兩部分，即作用在情感上的性質，與性質所寓存的主體。性質就是房子的美觀漂亮，主體則是其擁有或設計建造的房屋。這兩部分都是重要的組成。所以，如果美不存在於與我們有關係的事物上，僅僅就其美而言，難以使我們驕傲或虛榮；而如果沒有美，僅憑藉緊密的關係，也難以使我們產生這種情感。

既然這兩種事物極易分開，而兩者又必須結合在一起才能產生這種情感，那麼，我們就應該將這兩者看作原因的組成，並在心中確立區分兩者的精神觀念。

論惡與德

痛苦和快樂作為惡與德的原始原因，必然也導致它們成為其所有結果的原因。因此，也可以說是驕傲和謙卑的原因。這兩者都屬於那種不同，卻又不可避免的衍生物。

這些年來，民眾一直對一個爭論抱持好奇，即：道德的區分是建立在自然的、原始的準則上？還是產生於利害關係和教育？

即使假定道德沒有自然的基礎，我們也必須承認，惡與德，不管是因為自私自利或是因為教育的成見，總是令我們產生一種真實的痛楚和歡愉。

顯而易見，支持這個假設的人十分肯定、支持這種觀點。用他們的話說，每一種對我們有利的或有害的傾向，如情感、習慣或性格的傾向，都會相應使我們感到快樂或不快，讚揚或貶斥便由此產生。

因為他人的慷慨，我們往往容易有所得，而如果別人貪婪，我們則會有永遠失去的危險；勇敢能保衛我們，怯懦卻常常讓我們受到攻擊；正義是維繫社會的主要力量，而如果對非正義不加以遏制，便會導致社會的快速沉淪；別人的謙卑使我們感到高興，別人的驕傲則使我們感到恥辱。

由於以上這些原因，前一種性質就被公認為是德，而後一種性質則被公認為是惡。

但在這裡我還要進一步指出：這種道德假設不但與我現在的理論體系相互符合，而且如果認為前者是正確的，那麼它就成為後者一個不容抗拒的證明。因為假如道德全都是建立在痛苦或快樂上，而痛苦或快樂的產生，又都是因為我們預計到自己或他人的性質可能帶來的損失或好處，那麼，道德的全部作用必定是由這種快樂或痛苦產生，驕傲和謙卑的情感也由此而來。

根據以上假設，使人產生快樂是德的本質，使人產生痛苦則是惡的本質。德與惡必須同時作為我們性格的一個部分，才能激發驕傲或謙卑。

那些認為道德是一種實在的、本質的、自然的東西的人們的意見，我們也可以得出相同、毫無疑問的論證。在闡述如何區分惡與德、道德的權利與義務的起源時，最可能提出的假設是：從自然的原始結構出發，某些性格和情感一旦經過觀察，便會產生痛苦。

而另外一些性格和情感，則會在同樣的形式下激發出快樂。與惡和德一樣，不快與愉快也是密不可分，它們共同構成了兩者的本質。

讚揚一種性格，就是在面對這種性格時，你會自然地感到快樂；貶斥一種性格，則是在面對這種性格時感到不快。所以，痛苦和快樂作為惡與德的原始原因，必然也導致它們成為其所有結果的原因，也可以說是驕傲和謙卑的原因，這兩者都屬於那種不同，卻又不可避免的衍生物。

而且，即使這個道德哲學的假設被認為是虛假的，也依然可以想見，即使痛苦和快樂不是導致惡和德的原因，兩者也是密不可分。慷慨高尚的性格，使人感到愉快，即使它只是以蘊涵在一首詩或一個故事中，呈現在我們面前；與此相反，殘忍和狡詐的本性使人感到不快，而且對於這種本性，我們永遠都不能容忍。

由此可以看出，作為前面體系的一個道德假設證明，不容置疑，而另一個假設也與此不相違背。

當然，驕傲和謙卑並不僅僅發生於心靈的這些性質（在通俗的倫理學體系中，這些性質歸屬於道德義務的範疇，作為道德義務的一部分出現），它也發生於任何一種與愉快和不快有關的其他性質。

以自身的聰敏、風趣，或任何其他過人之處來贏得他人肯定，最能滿足我們的虛榮心。如果在這方面遭受了挫折，沒有達到預想的目標，我們也會因此而感到恥辱。因為從來沒有人能夠很好的指出什麼是聰敏，什麼是風趣，並進一步解釋為什麼這種思想行為必須被認為是聰敏，而另一種思想行為就被否定。所以，我們僅能憑鑑別力認識和選擇，而沒有其他標準能判斷。

因此可以說，這種鑑別力確定了真假聰敏的存在，一旦離開它，所有思想便都無法判斷是真是假。那麼，這種鑑別力到底是指的什麼？

顯然，它只在於由真聰敏產生的愉快，和由假聰敏產生的不快，不過在此我們也不能對愉快或不快作出解釋。

所以，作為真聰敏和假聰敏的本質，正是這兩種相反的感覺給了人們這種鑑別能力，因而也是真聰敏和假聰敏產生驕傲和謙卑的原因。

也許有人習慣了布道和演講的講授方式，所以他們只能用講授者的觀點來考察人性。於是，當他們看到我論及德能夠激發他們視為惡的驕傲，而惡能夠產生他們視為德的謙卑時，常會感到吃驚。

為了避免這種言辭上的紛爭，我必須指出：我所說的驕傲，是指我們在觀察品德、美貌、財富、權力，對自己充分認可後，心中產生的愉快；而謙卑則是指相反的不快。

顯然，前一種感覺不完全是惡劣的；而後一種感覺，也並非一直是良善的。道德標準再嚴格，也容許我們在一個慷慨行為後獲得快樂；而當人們回想過去的卑劣狡詐，而產生悔恨時，也不會被認為是一種惡。

所以，我們暫且不必論及這些感覺的是非，而只考究這些感覺的本質，探求它們產生的原因，不論是在心靈還是身體中。

論美與醜

就我們身體的美和其他外在對象的美來說，唯一的差異是：一種美跟我們有密切關係，另一種則與我們毫不相干。所以，它們的其他差異，都是這唯一的原始差異造成的，更造成了兩種美在驕傲情感上有不同的影響。

不管我們是將身體看成自我的一部分，還是認可那些把身體看作外在的哲學家的觀點，我們始終無法否認，身體與我們有著非常密切的關係，足以形成驕傲和謙卑所必需的，如我所講的這些雙重關係之一。

所以，一旦我們發現了另一個感覺關係和這個觀念關聯在一起，那麼，我們便能根據那種感覺的愉快或不快，準確地預計這兩種情感的發生。

各式各樣的美都為我們帶來特定的高興和愉快，就像醜陋引發的不快一樣，不論它存在於怎樣的主體中，也不論它是在有生命被察覺到，還是在無生命被察覺到。所以，如果我們擁有美麗或醜陋，那麼這種美麗或醜陋必定會轉化為驕傲或謙卑，因為在這種情況下，它們已經具備了感覺和觀念完全轉移所必須的一切條件。

這些對立的感覺和情感是彼此關聯的。美麗或醜陋與驕傲和謙卑兩種情感對象緊密關聯，所以，因為自己的美麗而變的驕傲，而因為自己的醜陋變的謙卑，也不難理解了。

以上容貌和性格的這種作用，不但表明了驕傲和謙卑這兩種情感，要具備我所列舉的一切條件後才會產生，也進一步證明了我現在這個體系。甚至這種性質還有一個更合理、更具說服力的證明。

如果我們認真考究哲學或常識闡明的，美麗和醜陋不同的假設，就不難發現，所有這些假設都歸結於一點：美麗是一部分的秩序，因我們本性的原始組織、習慣或愛好，使心靈產生愉快和滿足感，醜陋則是傾向產生不快的，美麗和醜陋的不同便在於此，美麗的特徵便是如此形成。所以，愉快和痛楚不但隨美麗和醜陋產生，也是它們的本質。

毋庸置疑，當我們認為稱讚的動物或其他對象的美，是因便利和效益的觀念得來的，便會果斷地認同這個觀點。

對於某種動物的某一方面來說，可能體形會被認為是美，而也可能另一種體形被認為是美。一座宮殿的樣式和便利，與它的風格和外型一樣，對於美來說同等重要。

同樣，根據建築學上的規則，房子的柱頂應比柱基尖細，因為這種建築構造形能給我們帶來愉快感和安全感，而相反的形式則會使我們感到一種潛在的危險，而給我們帶來不快。

透過諸多實例，並由此聯想到，美和聰敏一樣，無法作出確切的定義，而只能藉助被人辨識。我們便可依此斷定，美同醜一樣，只是產生快樂或痛楚的一個表象；而由於這些產生快樂和痛楚的能力在此種方式下，構成了美和醜的本質，所以這些性質的一切效應，必定是由感覺而來。在這些效應中，驕傲和謙卑最為普遍，也最為主要與顯著。

在我看來，這個論證正確而有決定性。但為了使以上推理具有更大的權威，姑且假定這種論證是虛妄，並看由此會產生怎樣的結果。

即使產生快樂和痛楚的能力，最終不能形成美麗和醜陋的本質，它們仍是密不可分，這種關聯甚至會使我們難以區分。但作為自然的美和道德的美共有的因素（兩者都是讓人驕傲的原因），也只有此才能產生快樂的能力。而共同的效應既然總是以共同的原因為前提，那毫無疑問，快樂在這兩種情形下，必定是那種情感實在的原因。

另外，就我們身體的美和其他外在對象的美來說，唯一的差異便是：一種美跟我們有密切關係，另一種則毫不相干。

所以，它們之間的其他一切差異，都是這種唯一原始的差異所造成，更造成兩種美在驕傲情感上有不同影響。我們的美貌可以激發驕傲，但這種情感並不因受到外界其他美的影響而產生。

我們如果把以上兩個結論結合起來，就會發現，綜合後的兩者構成了前面的體系，即快樂作為一個與這種情感相關或相似的感覺，當其存在於一個與自身相關的對象上時，便會自然的產生驕傲，與此相反就產生了謙卑。所以，雖然我們的論證僅涉及了一部分，但看起來這個體系好像已經得到了充分的驗證。

驕傲不僅可因身體的美產生，也可因體力的出眾而產生。體力是一種能力，所以，那種想要在體力上超越別人的慾望，可以被認為是一種較低級的野心。正因為此，這種現象在說明以上那種情感時，也得到了完全的闡釋。

對於與身體有關的其他優點，可以作出綜合性的表述：凡是自身有價值的、美麗的或者令人驚奇的東西，都是令人驕傲的對象；反之，則是謙卑的對象。

顯然，這些有用的、美麗的或令人驚奇的東西，除了都能產生快樂這個共同點外，再無其他共同之處。所以，驕傲情感產生的原因，必定就是愉快與對自身的關係。

對此，也許有人會產生這樣的疑問：美是一種實在的東西嗎？它是否與產生快樂的能力有所不同？我們不能就此展開爭論。

驚奇只是因「新奇」而產生的一種快樂，所以確切地說，驚奇只是心靈中的一種感覺，並不是任何對象的某種性質。因此，驕傲必定是隨著那個感覺而產生。

通常，只要我們對自己，或自己的任何事物感到驚奇，那麼，另一種感覺也會被同時激發，驕傲便是這樣自然地產生。

打個比方，我們會為有驚無險的往事而得意自誇，這也正是許多人愛好撒謊的原因。僅僅因為虛榮，互相之間沒有任何利害關係的人們，也會虛構出許多離奇的故事。

這些奇妙的事情大多是子虛烏有，即使有些是真的，也斷然與他們沒有絲毫關聯。但為了滿足自己的虛榮心，他們用自己豐富的想像力編造了很多驚險的故事，即使沒有這種編造才能，他們也會借用別人的事跡來發揮。

我們不難發現，這個現象包括了兩個奇怪的實驗，如果用解剖學、自然哲學或其他學科，根據已知的規則來比較這兩個實驗，那麼對於以上雙重關係的影響，將是一種不容質疑的論證。

從這些實驗我們可以看出，一個對象只有在快樂的前提下，才能激發驕傲，因為這個對象藉以激發驕傲的性質，根本上說僅僅是一種產生快樂的能力。

透過另一種實驗我們又會發現，那種愉快是兩個互相關聯的觀念不斷推移而產生的驕傲，因為這種驕傲會隨著關係被切斷即刻消失。如果我們曾參與到一個驚險的事跡中，我們就會因這個驚險的事跡與自己有關而驕傲；而如果驚險的事情只是與別人相關，即使它能激發快樂，也會因與自己無關，而無法激起驕傲。

至此，關於目前這個體系，還需要進一步證明什麼？

就我們的身體而言，對這個體系僅有一種反駁的原由，這便是：健康是最使人愉快的，疾患是最使人痛苦的，但往往人們既不因前者而感到驕傲，也不因後者而感到痛苦。

對於這種現象，如果我們聯想到前面論及的第二條和第四條限制原則，也不難解釋。

正如我所說，如果沒有一種自己特有的東西，任何對象都無法產生驕傲和謙卑。而且，產生這種情感的原因必須持久，並與形成驕傲對象這種特性的存在時期成某種比例。

對於任何人來說，健康和疾患總是在不斷變化，沒有人是完全、確切地處於一種狀態下。由此我們便可這樣認為：這些偶然的幸福和災難與我們分離，並不與自身有太過密切的關聯。

這種言論的正確性可由這種情形加以證明：如果我們的身體患有根深蒂固的疾病，使我們看不到痊癒的希望，那從那一刻起，疾病便成為謙卑的對象。

這種現象在老年人身上尤其明顯，因為他們每想到自己的年老多病，總會感到莫大的恥辱。對於自己耳聾眼花、風溼病、痛風症等毛病，總是盡可能的掩飾，即使在承認這些疾患時，也表現得非常勉強和不快。

年輕人雖然不會因頭痛或傷風感到恥辱，但如果一生經常受到這類疾患的侵害，那便沒有其他東西更能挫傷他們的驕傲，甚至會使他們對自己感到自卑。

這充分證明了一點：身體的痛苦與疾病，正是謙卑的原因。不過因為我們在評價事物時習慣用比較，而非事物的內在價值，導致我們忽略了每個人都可能遭受這些災難，我們自身的性格，也會因這種忽視形成一種觀念。

那些有傳染性，或讓他人感到不快的疾病，總是令人感到羞恥。如我們會因癲癇症而感到羞愧，因為它會使在場的人感到恐怖；我們會因疥癬而感到羞愧，因為它是一種傳染性疾病；我們會因淋巴腺結核而感到羞愧，因為它是一種遺傳性疾病。人們總是先考慮別人的意見，才作出自己的判斷，這一點在前面的論證中已經十分明瞭，而後面將會有更為充分的論述。

論財產與財富

因財富而生的驕傲和虛榮，在其所有者心中，總是透過印象與觀念間的雙重關係產生。獲得生活中快樂和舒適的能力是財富的本質，而這種能力的本質在於讓我們以一種不論真假的推理，去預期那種快樂真正的存在。

財產權可以這樣定義：在不違犯正義準則和道德公平的範圍內，允許一個人自由使用並占有一個物品，並禁止其他任何人使用和占有這個物品，一種人與物的關係。所以，如果正義是一種在心靈上自然而原始的德，那麼財產權便可被看作一種特殊的因果關係，不管是考慮它給予人任意處理物品的自由，還是考慮在這個物品上得到的好處。即使按照一些哲學家們的體系，認為正義是一種人為的，而非自然的德，情況也是如此。因為此時，自然的良心便被榮譽感、習慣和民法所代替，最終依然會產生相同的效果。

在此，有一點可以被肯定：我們一提到財產權，總會自然而然地想到所有人；一提到所有人，也總是不由自主地想到財產權。這就說明，其中存在著一種完全的關係，我們現在的目的及其所需要的一切正在於此。

情感的推移，總是在觀念與印象相互結合而產生，所以，當我們的快樂或痛苦是從一個與自己有財產權關係的對象上產生時，我們可以斷定，上述理論體系在確實而滿意的情況下，兩種關係相互結合必然產生驕傲或謙卑。這種觀點究竟正確與否，只要觀察一下人生，便可一目瞭然。

在愛慕虛榮的人看來，他的東西都是世界上最好的。在他自負的心目中，他的房子、設備、家居、衣服、犬馬，都被認為超過其他人。我們也能輕易地發現，這些東西任意一個小小的優點，都可以讓他們驕傲和虛榮。

也就是說，只要是有價值、美麗、或令人驚奇的對象，或與這些對象有關的對象，藉著財產權都能產生驕傲和虛榮。只有產生快樂這一點是這些對象共有的，所以它必然就是產生這種情感的性質。

有無數這樣的實例，所以我敢大膽地說：幾乎沒有任何體系能像我的一樣，能被經驗充分地證明。

即使透過印象和觀念的雙重關係，因擁有效用、美麗或新奇而給人愉快的事物產生了驕傲，也無須驚訝獲得這種財產權會有同樣的效果。但財富被認為是一種獲得令人愉快事物的財產權，而且也僅在這種前提下才會影響情感。

因為票據能夠提供貨幣能力，所以在很多時候它都被看作財富。而貨幣被看作為財富的原因，並不是它賦有某種特殊的性質，如作為金屬的堅固性、重量和可熔性等，而是因為它與人生的快樂和便利有關。所以，在承認這個已經十分明顯的前提下，我用以證明雙重關係對驕傲和謙卑的影響就變得可能了。

我曾在研究知性時說過，有時我們對能力和發揮能力的區分，完全沒有意義，甚至任何人或存在物被認為賦有任何能力也不應該，除非這種能力已被發動。在一種正確、哲學的思維看來，這種說法是真實的，但這種哲學觀念並不適合於情感。

透過假設能力相關的觀念，很多東西都能在情感上產生作用，並不一定要真實地將這種能力發揮出來。根據以往的經驗，我們會因獲得一種令人愉快的能力感到高興，會因獲得一種令人痛苦的能力感到不快，這是十分明顯的。但為了準確解釋這個問題，合理闡明這種愉快和不快，必須對以下的一些想法進行權衡。

當然，經院學派關於自由意志的學說，並不是將能力和發揮能力錯誤區分的所有原因。畢竟這種學說很少影響到通俗的思想方式，與人們的日常生活也沒有太多關聯。在那個學說看來，動機不會剝奪我們的自由意志，也不會停止我們做任何事情。但按照通俗的概念，當極其重要的動機阻止一個人滿足自己的慾望，並決定抑止自己希望完成的事情時，那麼，這個人就沒有任何能力。

當我看到敵人佩著腰刀從我面前經過時，沒有帶武器的我也不會認為會落到他手中。我認為民政官和鐐銬給他帶來的恐懼也一樣，就像他正帶著枷鎖處於監禁中，我認為自己非常安全。

但當一個人擁有控制我的權力，並且行動不受外界影響，不懼任何後果，可以隨意對我賞罰，那麼我便會認為他具有充分的能力，我會把自己當成他的下屬。

上述這兩個人，一個因有強烈的利害和安全動機，而抑止自己所有行為，另一個人則沒有這樣的約束。透過對這兩種人的比較，再根據前面所論述的哲學觀點，我們可以發現：這兩人之間已知的唯一差別，便是前一種情況，是根據過去的經驗，推斷那個人永遠不會有那種行為，而後一種情況則是他可能會。

不管什麼時候，一個和我有相同地位的人，如果我沒有強烈的動機能阻止他傷害我，那麼我便不確定他是否會傷害我。所以當我處於那種地位時，內心總是感到不安，總是不得不對關注那種傷害的可能性和機率。

確定和必然的事情會影響情感，可能或偶然的事情也會。或許我從未感到任何傷害，並從這個結果得出那個人不具備傷害我的能力（因為他不曾發揮過），但即使這樣，我仍然為前面所述的不確定因素感到不安。

如果一個人給我恩惠的強烈動機消失了，那麼他就有可能給予我這種恩惠。當我看到這種恩惠要成為事實後，便會同前面所述的不快一樣，給我帶來一種快樂。

但對此我還必須進一步指出，當我們獲得財富時，都有能力隨意取捨，也不會因任何物理障礙或動機而影響享受，那麼這種快樂便會愈加強烈。既然人們都渴望快樂，那麼當外界沒有阻礙產生快樂，而且愛好快樂的傾向沒有受到影響時，這種快樂便很有可能實現。

事實上，僅透過上述論證，也不足以充分說明因財富而帶來的快樂。一個守財奴透過錢財獲得生活中的快樂舒適，而這讓他感到無比興奮。

如果他享有財富已長達四十年，甚至更長的時間，並且未曾動用，那麼他就不能斷定，他現在會比被剝奪所有財物時更快樂。雖然他無法推斷那種快樂即將實現，但只要消除所有不能產生快樂的障礙，那麼他也會想像自己正無限接近那種快樂。

根據經驗，我們可以作出這樣的判斷：當沒有抑止利於快樂產生的動機時，那種快樂將會存在，並且很有可能實現。當然，如果換作我們自己，我們也會透過自己的幻覺，愈加真實地感覺到這種快樂正在無限接近。

意志似乎總是朝任何方向自由活動，並且在過程中投射下自己的影子。此時，那種快樂便藉著這個影子，給我們無限接近的感覺，讓我們感到一種真實的快樂，一種不容質疑且無法阻擋的快樂。

至此，我們便可總結出這個結論：因財富而生的驕傲和虛榮，在其所有者心中，總是透過印象與觀念間的雙重關係產生。獲得生活中快樂和舒適的能力是財富的本質，而這種能力的本質在於讓我們以一種不論真假的推理，去預期那種快樂真正的存在。

其實，就這種快樂的假想而言，它也是一種很大的快樂。而且，我們都擁有這種快樂，並且與我們的所有物或財產有關，因此前面體系論述的各個部分，到這裡就顯得十分清晰。

與財富產生快樂和驕傲，貧窮產生不快和謙卑一樣，權力也會產生前一種情緒，而奴役會產生後一種情緒。我們的慾望透過控制他人得到滿足，而我們所遭受的無數恥辱，則是因為我們屈服於他人的意志。

對此，必須引起我們注意的是，當我們想到發出命令的人或被命令的人，被奴役的羞辱感和行使權威的虛榮感便會大大的增強。正如一些聽從於我們意志的靈巧機器人一樣，我們透過占有這些機器人獲得快樂和驕傲，但這種快樂和驕傲與向別人行使權威相比，還是有一定的差距。

透過比較的方法，我們總是能增強對事物的認識。與窮人的境況相比，富人總會更強烈地感覺到幸福。權力所具有的特有優勢，也會因我們和所支配人的比較而凸顯，畢竟這種對比是一目瞭然。

論名譽

一個人無論怎樣重視一種特質，只要他覺得自己沒有這種特質，那麼即使全世界都讚許他，他也不會因這種特質而感到快樂。這就像士兵不重視雄辯、法官不重視勇敢、主教不重視幽默、商人不重視學問一樣，你無法使他們相信自己有這樣的特質。

別人的意見總是很容易影響我們的情感，這也是名譽如此重要的原因。如果沒有他人的意見，我們的德、美麗和財富都不會讓我們驕傲。為了理解這個現象，我們有必要先闡釋關於同情的問題。

通常，一個人同情別人的傾向總是會引人關注。而且，不論彼此間這種傾向有什麼不同，甚至完全相反，都會在向他人傳達的過程中接受他們的心理傾向和情緒。

透過觀察可以發現，同族的人在性情、思想的傾向有高度的一致性，這正是這個原則最好的證明。一個性情和善的人很快能與夥伴投契，即使最驕傲倔強的人，也會與其國人、友人有一些共同的性情。

那麼，當驕傲和謙卑這兩種感情，因稱讚和責備、美名和醜名產生，同情又發揮著怎樣的作用？

在我們看來，任何人具有被人稱讚的那種特質，都會使人感到驕傲。而作為虛榮心的對象，人們所擁有的權力、財富、家世、美德，正被讚揚的詞彙包裹著。由此，我們可以得出這樣的結論：當一個人從自己的優勢方面看待自己時，往往會感到一種獨特的快樂，驕傲自滿便應運而生。

這點，我們很容易能接受他人的觀點。因為一方面，同情使他們的情緒毫無保留地呈現；另一方面，推理會使我們認為，他們的判斷就是事實。我們所有想法似乎都被權威和同情這兩種原則影響，尤其是在判斷自己的價值和性格時，受到的影響更為特殊。

顯然，以上這種判斷是有缺陷的，摻雜了情感因素干擾我們的知性，並使我們被其他不合理的意見左右，而這都是這些意見與情感之間的關聯所造成。

對此，我們可以作出這樣的補充，因為意識到對自己的偏見，所以對任何能證實自己好評的言論，我們總會感到特別高興；而對於反對自己好評的言論，則會感到驚訝。

為了充分論證以上結論的可靠性，我們還必須考究情感的表現，充分考慮它們與這個推理的一致性。

這些現象中，有一種十分具有代表性和說服力。一般來說，美譽總是令人感到快樂，但相比從我們所憎惡鄙視的人的讚美得到的快樂，從被尊重讚許的人的讚美得到的快樂會更多。

同樣的道理，我們會因重視的人輕蔑自己而感到羞恥，而對於其他人的意見，我們多半都置之不理。在心靈因任何原始本能喜歡美譽、厭惡醜譽的情況下，我們不可避免地受到美譽和醜譽影響，而此時，任何對我們有利或不利的意見，也都會激發慾望或厭惡。

對傻瓜的判斷與對智者的判斷一樣，都是對別人的一種判斷，其不同只是在於，前者對我們自我判斷的影響不及後者。與被傻瓜的稱讚相比，我們會因被智者稱讚更快樂，甚至會因與智者相識而得到附加快感。當他人的稱讚與自己的意見相左，且與自己所擅長的特質不符時，從中得到的快樂也是有限的。

的確，一個人無論怎樣重視一種特質，只要他覺得自己沒有這種特質，那麼即使全世界都讚許他，他也不會因這種特質而感到快樂。這就像士兵不重視雄辯、法官不重視勇敢、主教不重視幽默、商人不重視學問一樣，你無法使他們相信自己有這樣的特質。

為什麼家道中落的名門子弟，總是喜歡拋棄親友，背井離鄉，在一個完全陌生的環境生活，以卑賤的工作去謀取生計？因為在他們看來，新的環境中，自己的出身和教育都不為人知，便能坦然的面對貧困。不得不說，這個事實為我現在的論述提供了十分有力的論證。

首先，我們可以依此推斷，因被人輕賤而產生的不快源於同情，同情又依靠於對象與我們的關係。當我們受到居住在一起家人的輕視時，往往最為不快。所以就竭力改變這種境況，而遠走他鄉無疑是一個不錯的選擇。

其次，可以肯定的是，關係對於同情來說是必須的，當然，這也不是絕對就關係來說。而是由於這些關係有一種影響，使我們對別人的情緒產生的觀念轉化成情緒本身——這種轉化是別人觀念和自我觀念之間的一種聯結。因為在這裡，親戚和相識關係兩者雖然都存在，但這些關係不是集結在同一些人身上，所以產生同情的程度就較小。

再次，必須注意切斷關係以減弱同情這一點。即使因貧困而受到陌生人的輕視，也比遭受親友和熟識的人輕蔑要好。對於來自親友和陌生人的雙重輕蔑，應該加以區分。鄰人的輕蔑有某種影響，親友的輕蔑也有某種影響，這兩種影響彼此獨立，而當輕蔑既來自於親友，又來自於鄰人，這兩種影響便會結合在一起。

最後，雖然來到陌生的環境，但處於這種情況的人也要隱瞞自己的出身。所以，在別人猜疑他從前的境況遠遠優於現在時，他會感到十分不安。對任何事物的判斷，都可以透過比較獲得。對國王來說棄如敝屣的東西，對普通人來說卻可能是一筆極大的財富。

當一個人自認按照他的門第應該享受一種奢華的生活，或是已習慣於較奢華的生活時，任何低於這種生活水準的生活方式都會讓他感到羞恥。此時，他總是盡可能掩飾自己對財富的追求。他知道自己的不幸，而別人並不知道，所以他對於與從前生活的不愉快比較，是自己聯想出來的，而不是因他人的同情而發生。所以在這種情況下，他就會感到自在滿意。

由於情緒的傳導，快樂才因讚美而產生。這是我們作出的假設，並可以得到充分的證實。即使是輕視世俗的人，廣泛的名聲也會使他們愉快，他們不會因自己不配享有這種讚美而若無其事。

因為自然情感，與因同情產生的情感衝突，驕傲的人在被輕蔑時，雖然並不立即表示認同，也總會感到震驚。這就像你譴責一個處於熱戀中的人一樣，會使他大為不快；而如果他輕視你，或發現你在開玩笑，他就不會在意你說的任何話。

論愛與恨

愛與恨產生的原因是複合的，如國王因占有雄偉的宮殿而受到臣民的尊敬，主要是因為：第一，宮殿的確雄偉壯麗；第二，由於財產權的關係，將宮殿與國王關聯起來。若缺少其中一個條件，這種情感便不復存在。

愛與恨是兩種對立的情感，兩者都只有一個簡單的印象，沒有任何混合或組合，所以在這種情況下，很難對它們作出準確的定義。在某種程度上說，我們甚至沒有必要就其本質、來源、原因、對象等方面，費盡心思想合宜的描述它們，因為一方面，透過平時的感覺和經驗，這些情感就已經被充分的認識；另一方面，我們正要更深入探討它們。

愛與恨的關係，與前面論述的驕傲和謙卑的關係極為相似。所以，為了更好的理解前者，有必要對後者適當的簡述。

透過經驗，我們都能明確的發現一點：驕傲與謙卑、愛與恨這兩組情感的對象完全不同，前者的直接對象是自我，或是我們意識到它的思想、行為和感覺的人格，而後者對象的思想、行為和感覺我們卻意識不到。

愛與恨的對象，永遠都是自身之外的另一個有情者。自愛帶給我們的感覺，和朋友或情人激發起的柔情完全不同，據此就不難發現，平時談及的自愛，與愛的本義相去甚遠。憎恨也是同樣的道理，在沒有他人侵害的情況下，對於自己的過失和愚蠢，我們並不會感到憤怒或憎恨，而只感到羞恥和慚愧。

愛與恨不是針對自我，而是針對另外某個人。所以，另外某個人就是愛與恨的情感對象，但必須指出，他並不是產生愛與恨的原因，其在單獨情況下，也不足以激發這種情感。

為什麼愛與恨的對象不能成為愛與恨的原因？在此，假設這個對象是原因，那麼勢必就存在這樣一種情況：共用一個對象，強度相同而又意義相反的兩種情感，產生之際必會互相抵消，最終導致任何一種情感都無法出現。所以這個假設顯然不能成立，也就是說，愛與恨的原因，必然與愛與恨的對象不同。

那麼，什麼是愛與恨的原因？其實細究起來可以發現，其原因豐富繁多，又各不相同。

如人們的德行、學養、機智、幽默會讓人愛和尊重；人們的美麗、強壯、敏捷、靈巧也會。而與此相反的性質，便會引起憎恨和鄙視。人們在家庭、財產、服飾、民俗、氣候等方面的優劣，同樣會讓人愛與尊重、憎恨與鄙視。

認真探究這些原因，可以發現它們有一個共同點，就是：作為產生愛與恨的原因，它們都是複合的。如國王因占有雄偉的宮殿而受到臣民的尊敬，主要是因為：第一，宮殿的確雄偉壯麗；第二，由於財產權的關係，將宮殿與國王關聯起來。若缺少其中一個條件，這種情感便不復存在。

愛給人的感覺永遠是愉快的，恨給人的感覺永遠是不快的。而作為愛與恨的對象，必定是一個有思想的人，所以我們還可以概括性地作出這樣的假設：愛與恨的原因，永遠和一個有思想的存在者有關，前者產生了一種獨立的快樂，後者產生了一種獨立的不快。

以上關於愛與恨的原因與一個有思想的存在者的言論，雖然只是假設，但完全有可能，這十分鮮明而不容質疑。沒有思想，愛與恨便無從談起。這就像考慮無生物擁有德和惡、美與醜、貧與富，對於和這些事物毫無關係的人來說，任何程度的愛與恨、尊重與鄙視都無法產生。對於一個正經過一座美麗宮殿的普通人來說，他不會表示尊敬，因為他與那座宮殿毫無關係。

表面上看來，愛與恨這些情感並不需要一種印象關係，實則不然，只是因為這種印象關係相互混淆，而難以區分。與愛與恨相比，驕傲和謙卑的印象關係就十分明顯，並且，產生這種情感的每一種原因都會產生獨立的痛苦或快樂。如果仔細考察驕傲和謙卑，會得出這樣的啟示：如果採取同樣的方法，也許能在探討愛與恨的產生原因時，取得同樣的成功。

而且，因為要對這個體系作出充分證明的緊迫性，我將竭力透過一個建立於經驗上的論證，證明上述關於驕傲和謙卑的全部推理都被囊括在這個體系。

因為對自己性格、才能、財富等方面的自信，很多人都想在別人面前顯露自己，獲得人們的愛戴和稱讚。由此可見，那些追逐虛榮心或名譽的原因，便是變的驕傲或自負的原因。

的確，我們總是將自己最滿意的地方向別人炫耀，但假如愛與尊重同驕傲一樣，並不是由同一性質產生的（這些性質或與我們有關，或與他人有關），那麼這樣的方法必然十分荒謬，一一對應其他人與自己的情緒，顯然不會受人們歡迎。

對多數人來說，形成精確的情感體系，或考究它們的本質十分困難，但即使沒有獲得太大的進展，也不會走太多彎路。我們往往能從平時的經驗得到充分的啟示，透過內心的感受來指導行為，我們將明白能影響別人的究竟是什麼。

既然產生驕傲或謙卑的那些性質也能導致愛或恨，那麼證明產生前者的原因，也能產生一種獨立於情感之外的痛苦或快樂的這個結論，同樣能證明後者。

論慈善與憤怒

慈善和憤怒，總是伴隨著愛與恨產生，或更直白地說，這兩組情感總是結合在一起，而兩者的這種結合性，正是它們有別於驕傲或謙卑的主要原因。

觀念與印象是完全不同的兩個概念。在某種程度上說，觀念更具有宏觀性，而印象則更具微觀性。打個比方，如果把物質的廣袤和填充性比作觀念的話，那麼印象，尤其是反省印象，就可以比作為顏色、滋味、氣味和其他感知。

不管怎樣，觀念與觀念無法合併，因為它們都具有一種相互排斥的不可入性，並依此形成一種複合物。

但印象與情感就完全不同，它們能夠合併，並且像各種顏色一樣，可以完全混合，從而使各自隱匿，這便有利於變化那個因全體而發生的統一印象，這種特性也正是人類心靈某些奇特現象發生的原因。

對於歷史上不同哲學派系遭受的不幸，我在觀察能與愛與恨相結合的成分時便已隱約察覺。在自然哲學中，有一種極為常見的現象：當人們依據必要的原則而實驗，用以說明自然的作用時，總會發現一種比較頑固，不能證實我們目的的現象。

的確，外界事物的本質與組織總是隱藏得那麼深澀，以致我們在推理的過程中，常常會遭遇各式各樣的矛盾和謬誤。但因為我們完全了解心靈的知覺，並且我也盡可能小心地構造那些關於知覺的結論，所以我有自信能擺脫因其他哲學體系而生的矛盾。因此可以這樣說，我所面對的那些矛盾和困難，與我的體系並不是相互牴觸，而只是在這個體系主要的力量與簡明的美上，有些許的偏離。

慈善和憤怒，總是伴隨著愛與恨產生，或更直白地說，這兩組情感總是結合在一起，而兩者的這種結合性，正是它們有別於驕傲或謙卑的主要原因。驕傲和謙卑並不能直接激發我們的行為，它們只是人們心靈中一種沒有任何慾望的純粹情緒。

但愛與恨則不同，愛與恨並不滿足於自身，它們不會情緒中停滯不前，而會把心靈帶到更遠的對象上。正如恨永遠伴隨想要所恨對象受難、反對所恨對象幸福一樣，那種希望所愛對象幸福、反對所愛對象受難的慾望，也永遠伴隨著愛。

以上關於驕傲與謙卑、愛與恨這兩組情感的差別論述，尤其值得我們注意。畢竟，它們在許多方面的相似性極容易使它們被混淆。在此，我們可以借用兩種假設，來說明「希望和反對」與愛和恨的結合。

第一個假設就是：愛與恨不但有一個激發它們的原因，和它們的對象——這個原因指快樂和痛苦，對象則指一個人或有思想的存在者，而且還有它們努力追求的一個目的，即所愛對象或所恨對象的幸福或苦難。這些觀點混合起來，形成一種情感，根據這個體系，便可得出這樣的言論：愛只是希望別人幸福的一種慾望，而恨則是希望別人苦難的一種慾望。由此，慾望和憎惡便構成了愛與恨的本質，它們同一且密不可分。

第二個假設便是：根據經驗，我們得出的卻是相反的結論。因為愛別人，所以我們希望所愛的人幸福；因為恨別人，所以希望所恨的人受難。可是，這些願望並非愛與恨必須的條件，它們只是在「希望所愛的人幸福」和「希望所恨的人受難」這種觀念被想像出來時才產生。這些觀念雖然不是唯一，但卻是最鮮明、自然的情緒。愛與恨能在一個相當長的時期內，透過多種方式表現自己，而我們不必為所愛或所恨的對象幸福或受難而反省。顯然這便證明著，這些願望並不是愛與恨的構成要素，也不是同一的。

綜合以上論述，可以總結得出，慈善與憤怒、愛與恨這兩組情感大有不同，前者只是因為心靈的原始結合才與後者結合。與自然對身體活動的影響一樣，自然對心靈也以同樣的方式活動，即給予身體或心靈某些慾望和傾向，並依照其各種情況增加或改變。

的確，隨著愛或恨這種情感的產生，我們心中便會產生對所愛或所恨的人幸福或苦難的慾望，並且這種慾望還隨著這類彼此相反情感的變化而改變。表面上看，這種變化總是那麼理所當然，其實從抽象的角度說，這種事物秩序並不是必然。愛與恨完全可以不伴隨著任何這一類的慾望，甚至其中特定的關聯也可以置換。

在自然願意的情況下，愛的效果可以與恨相同，恨的效果也可以與愛相同。即使把希望他人受難的慾望，換之享有幸福，把希望他人幸福的慾望換之受難，在我看來也並沒有矛盾。畢竟，如果情感與慾望的感覺相反，自然的傾向是改變感覺而無須改變慾望，並讓兩者相互適應。

論憐憫

憐憫是對他人苦難的一種關切，而與憐憫相反的惡意，則是對他人苦難的一種喜悅。憐憫和惡意是一種相互對立的情感，它們的共同前提在於，這種關切或喜悅的產生，沒有任何友誼或敵意的因素。

透過前面的論述，我們已經認識到人類天性中一個隨意、原始的本能，就是我們會根據自己對別人的愛或恨，本能地希望他們得到幸福或遭受苦難。當然，另一方面，我們也會發現，這種本能會在很多場合被仿效，其次生原則也會讓它產生。

憐憫是對他人苦難的一種關切，而與憐憫相反的惡意，則是對他人苦難的一種喜悅。憐憫和惡意是一種相互對立的情感，它們的共同前提在於，這種關切或喜悅的產生，沒有任何友誼或敵意的因素。

所以，我們可以這樣認為，對於完全與我們無關的人，我們也能對其憐憫。同樣的道理，如果因為他人的傷害使我們對其產生惡感，確切地說，這種惡感就不能稱為敵意，而是報復。

如果我們繼續深入考察憐憫和惡意，就會發現它們是一種如上面所說的次生的情感，是在原始情感改變某種特殊的思想和想像傾向後而產生。

為了更進一步論述憐憫，我們可從前面關於同情的推理中得到啟發。

我們對於與自己相關的各種事物，總是抱有一種生動的觀念。因為人類都彼此類似，與我們又有著某種關係，所以他人的人格、利益、情感、痛苦和快樂，必然會以生動的方式刺激著我們。而又由於生動的觀念極易轉化為印象，所以這種刺激，還會產生一種與原始情緒相似的情緒。

如果這個論證合理而真實，那麼對於煩惱和悲哀來說，就會有過之而無不及。因為相比於任何快樂，煩惱和悲哀給人的影響總是更為強烈持久。

悲劇詩人筆下的角色，出場時總是表現出諸多悲傷、恐怖、義憤等其他類似的情感，在這種情況下，悲劇的讀者也會隨之經歷這些情感。當然，由於精彩的悲劇作品總是從頭至尾貫穿著運氣的轉變，甚至乾脆在結尾設計一個幸運的結局，所以讀者必然會對這些變化表示同情，進而體會到那種虛構的喜悅，以及其他各種類似的情感。

反過來，我們也可以認為，以上這些情感都是因同情原則而產生。除非它們都是因個別的原始性質產生，而不是由同情原則得來，否則這種觀點就能成立。顯而易見，將以上任何一種情感剔除，都極為特殊而不合時宜。

既然上述這些情感都首先產生於一個人心中，才產生於另一個人心中，並且在各種情形下，這些感情的產生方式都是先觀念，後印象，然後在產生於事物推移中的同一原則，那麼我便可以肯定，不管是在自然哲學上，還是在日常生活中，這種推理方法都值得信賴。

另外還要指出，只有透過彼此間的接近關係，甚至只有見到對象，憐憫這種情感才能產生。因為婦女和兒童最受想像官能的引導，所以他們也最受憐憫心理支配。即使鋒利的刀刃掌握在朋友的手裡，他們也會在見到白刃時望而卻步，甚至暈倒。他們的這種弱點，也正是他們極端憐憫那些悲傷和煩惱人們的原因。

但很多哲學家並不這麼認為。對於婦女與兒童的這種現象，他們認為這是人們對命運多變所作的令人難以解釋的微妙反省，或是因為他們看到所有人類都有可能遭受苦難。對於這些哲學家們的觀點，我論述的實例都說明，我與他們的觀點相反。

憐憫這種情感還有一種尤為顯著的現象值得我們注意，這就是：有時候，從外界傳來的同情，會因其原始情感的微弱而獲得力量，甚至它就是隨著某種原本不存在感情的推移而產生。例如，一個人在獲得顯要的職位，或得到巨大的財富時，越表現得泰然低調，我們對他的成就就越感到欣喜。

同樣的道理，如果一個人並沒有因不幸而沮喪，那麼，他的忍耐就更使人同情和悲嘆。尤其當這種特質驅逐了所有不快時，我們的憐憫會更為強烈。

對於正面臨世俗所謂不幸處境中的人們，我們往往會形成一個概念：我們從原因想像到它通常的結果上，首先對其悲哀產生一種生動的觀念，然後感到一種印象，從而完全忽略了使其超越的那種偉大心情，或者只考察能增強我們對他的欽佩、敬愛和憐惜的範圍。

根據經驗我們能發現：以上那種程度的情感，往往是同一種相應的不幸關聯在一起。雖然在目前這種情況下有一種特殊狀況，但就像當事人情感激動時的表現一樣，我們也會因受到以上原則的影響，而想到那種情感的生動性，或者說是真正感受到了那個情感本身。

當其他人在我們面前有愚蠢行為時，就以上原則來說，即使他們不會感到絲毫羞恥，甚至意識不到自己的愚蠢，我們也會因他們的行為而感到羞恥。其實，這些情感都是由同情生發，但需要指出的是，這只是片面的同情心，只觀察了這種情感對象的一面，而忽視了另一面。但恰恰就是這一面，有著完全相反的效果，那種在同情初次出現時的情緒，就是在這種效果的影響下完全消失。

關於那種在不幸情況下的淡漠，反而更能增強我們關切不幸者的論證，還可以列舉出許多例子證實，即使那種漠不關心並不是由任何美德和寬宏大度而生發。在人們看來，如果一個人謀殺一個正在睡覺，或坦然安心的人，那麼這種謀殺就會罪加一等。這就像歷史學家們對被敵人擄走的嬰兒國王，通常會說，你越感覺不到自己可憐，越是值得憐憫。

在我們已熟悉那個人的可憐情形下，通常會對伴隨他的悲哀有生動的感覺，而且與我們從那個人的角度觀察到的那種泰然安心、漠不關心相比，我們的感覺總是更加強烈生動。

只要是對比，就會在不同程度上刺激想像，尤其是透過對象而被呈現出來時，這種刺激往往會更為突出，而憐憫心理正是透過這種想像而產生。

論惡意與妒忌

與我們擁有的快樂相比，引起人們妒忌的快樂處於更優勢的地位。在這種情況下，人們看到比自己低微的人，所追求的榮譽或快樂接近自己時，他們就會產生妒忌。

惡意與憐憫是一種對立的情感，就像憐憫類似於愛一樣，惡意也類似於恨。具體來說，惡意就是在我們沒有受到他人的侮辱或傷害時，也會對他人遭受的苦難抱有一種喜悅。

通常，人們在判斷各種對象時，總是習慣於藉助比較的方式，而不是看其內在的價值，因為在情緒和意見方面，人們很少受理性支配。

類似於在自己身體方面的日常經驗，我們的心靈也有這樣一種原始性質，即對任何事物來說，當心靈已習慣於這類事物的完善時，一旦這個事物不能達到這種完善程度，那麼即使這個事物從客觀上說仍然是值得被尊重，它也與殘缺拙劣時沒有分別。

眾所周知，每個事物的對象都伴隨某種與之成比例的情緒，一個大的對象引起一種強烈的情緒，一個小的對象引起一種微弱的情緒，並且，這種情緒還會反過來影響對象。在我們的想像中，大的對象會受強烈情緒的影響不斷增大，小的對象會受微弱情緒的影響不斷減小。顯然，這就使我們忽略了一個問題：在這種比較作用下，我們的情緒的確改變了，但我們所面對的對象並未有任何改變。

不管以上結論有何不足，我們至少可以承認上述原則的一個基本前提，這就是：對象總是會在其他對象的比較下顯得大或小。對於這個前提，相信所有人都不會有所懷疑。

至此，我們便找到了惡意與妒忌這兩種情感的來源，它們正是來源於以上這個前提。

相信每個人都有這樣的經驗：當我們處於幸運或不幸的處境時，當我們認為自己擁有多或少的財富、權力、名譽時，往往會感到強烈或微弱的快樂和不快。

因為在絕大多數情況下，我們是根據與其他對象的比較建立關於它們的觀念，而不是以對象的內在價值來判斷，所以，當我們觀察到他人享有大或小的幸福，遭受大或小的苦難時，我們會據此估算自己的幸福和苦難，並會相應地感到痛苦或快樂。

更為具體的說，就是他人的苦難，會讓我們更生動的感到自己的幸福；他人的幸福，會讓我們更生動的感到自己的苦難，而愉快正是由前者產生，不快正是由後者產生。

論述到這裡，也許有人會發現這樣一種現象：旁觀者的感覺，和他所考慮那個人的感覺，正好相反。那麼，該如何解釋這種顛倒的憐憫心理？

其實，因他人的幸福或苦難而產生一種相反的感覺，是很正常的現象。至少，我們可以透過這種比較，使我們對自己產生一種惡意，使我們對自己的痛苦感到愉快，對自己的快樂感到悲傷。

例如，當我們滿意自己的現狀時，曾經痛苦的經歷會使我們感到愉快；而當我們現今的境況遠不及從前時，曾經的快樂則會使我們感到不快。

於是，問題又來了。為什麼自己的痛苦和別人的痛苦一樣，都使我們感到愉快？為什麼自己的快樂和別人的快樂一樣，都使我們感到不快？之所以會產生相同的結果，是因為與自己情緒的比較，和與別人情緒的比較，本質上是相同的。

同樣的道理，一個人還可以把這種惡意推及到自身，甚至推及到他現在的好運，而且可以把惡意加深到這種程度，以至故意尋找苦惱，增加自己的悲哀。這就好比我們的朋友正處於煩惱中，正在享受快樂的我們，會從朋友身上感覺到反射回來的不快。

雖然依據前面的論述，這種對比應該會使眼前的快樂更為活躍，但既然這裡假設的是以悲傷為主的情感，所以情緒的每一次增強都會注入到悲傷中，而不會在相反的情感上起絲毫作用。

這正與人們因過去的罪惡過失，將苦行強加在自己身上一樣，當一個罪人反省他所應該得到的懲罰時，與他現在擁有的舒適快樂相比，這種懲罰的觀念會不斷增強。為了避免像以上所說的那樣令他不快的對比，他甚至會強迫自己尋找不快。

與論證惡意的起源一樣，妒忌的起源也可以用同樣的方法推理。

不過，這兩者之間還是存在著明顯的差異。妒忌是由別人當前的快樂所激發，我們會在比較下削弱自己的快樂觀念；惡意則是不經挑撥卻想加害於人，以便由比較獲得快樂。

顯然，與我們擁有的快樂相比，引起人們妒忌的快樂處於更優勢的地位。在這種情況下，人們看到比自己低微的人，所追求的榮譽或快樂接近自己時，他們就會產生妒忌。

的確，在比較作用下，一個人會從比他低微的人得到快樂，而當那個人逐漸擺脫低微的處境時，那種快樂則會逐漸降低，變為痛苦。

在這裡需要指出的是：因他人優勢而產生的妒忌，不是因為自己與他人的差距，反而是因為與自己的相似。例如，一個普通士兵對班長的妒忌，不如他對將軍的妒忌；一個優秀的作家不會遭到一般文學青年的妒忌，卻會遭到和他地位相近作家的妒忌。

雖然很多人都認為，兩者越是不成比例，比較之下就越會感到不快。殊不知，如果過於不成比例，那麼兩者之間的關係就會切斷，或者說根本就不會放在一起比較。即使偶爾因為某種事件，而將兩種觀念關聯，它們之間也會因為沒有任何鎖鏈而無法長期結合，無法強烈的影響彼此。

前面探討野心的本質時，曾有過這樣的論述：與自己奴隸的處境相比，大人物在想到自己的處境時，總會因為自己的權威而感到雙重的快樂，即自然產生的快樂，和由奴隸產生的快樂。

眾所周知，正常的想像是在考慮比較第二個對象時，就像站在一個新的立場上。所以，如果在與幾個對象相互比較，我們的想像很難從一個對象轉移到另一個對象，這就表示著，我們的心靈活動在很大程度上處於中斷狀態。

據此我們便可發現，對於那個伴隨每個對象的印象來說，它在此情形下並不會因為繼同類的較少印象而來，也不會因此而顯得更大。於是，這兩個印象便在此基礎上相互獨立，並產生了互相之間沒有任何關聯的效果。既然觀念之間缺乏關係，那麼印象之間的關聯就會被割斷，並且在這種分離的情形下，印象之間的影響也會受到阻礙。

為了更準確的證實這點，我們還必須指出另一個至關重要的前提：兩者優勢上的無限接近，還不能完全成為產生妒忌的充分條件，它還需要其他關係的輔助。如一個詩人，難以妒忌另一類詩人、另一國詩人，或另一個時代的詩人，而讓他妒忌另一個哲學家，更是令人難以置信。因為這些類別間的差異，有效阻止或減弱了比較。

為什麼只有和同類的其他對象比較時，才顯得大或小？也正是源於上述原因。一匹馬的身材並不會因一座山的襯托而看起來更大或更小，但當一匹法蘭德斯馬和一匹威爾斯馬放在一處時，其中一匹看起來就會更大，另一匹看起來就會更小。

不僅如此，歷史學家們的說法也能透過以上原則得到佐證。他們說，內戰中的任何黨派，總是不惜犧牲招來外敵，而不肯屈服於本國同胞。對此，甚至有些歷史學家舉了義大利的例子：

雖然義大利各邦間的關係，客觀上說只是一種名稱、語言和地緣的關係，但這種關係也會隨著優勢的結合，使它們之間更為自然；然而，這種比較也會不可避免地出現一些令人痛心的結果。面對這種不幸，人們不會就此妥協，而會主動尋找其他有別於此的優勢。

此時，心靈往往能很快察覺到它有利和不利的條件。而當對方優勢同其他關係結合時，心靈便會對自己的情況感到不快，從而試圖分離關係，欲使比較作用轉為更加自然有效的關聯，以獲得安定。

然而，當心靈無法打破這種結合時，就會產生一種想消除對方優勢的強烈慾望。正因為此，中國人和波斯人得到了旅行家的交口稱讚，而因為對中國和波斯的臣服，他們的鄰國則遭到這些旅行家的貶抑。

與歷史上豐富奇特的事例相比，我們文藝界也不乏值得關注的實例。如一個作家寫了一本書，其內容一部分嚴肅深刻，一部分輕鬆幽默，那麼，這本書就會因其混雜的內容遭到人們遺棄，甚至因忽略藝術和批評的規則而被斥責。

從人性的本原來看，每部作品都應保持一致性，因為人類心靈並不能一剎那轉換到另一種情感，上述文藝界的規則正是以此為依據，但事實也並不盡然。詩人普雷厄爾先生便將他的〈阿勒姆〉和〈索羅門〉刊登到了同一本書上，要知道，一首詩輕鬆愉快，而另一首詩憂鬱氣憤，可最後這兩篇詩都獲得了極大的成功，即使讀者接續閱讀這兩篇詩作，也不會感到絲毫阻礙。

為什麼會這樣？其實，這只是因為他認為這兩篇作品完全是兩回事，並且藉中斷觀念也中斷了感情，阻止了一種情感與另一種情感對抗。這就像在一幅滑稽可笑圖畫的襯托下，另一幅描繪英勇事跡的圖畫會顯得更加威嚴，而這就是我們將這兩幅性質完全相反的圖畫比鄰而放的原因。

總之，各個觀念必須被某種關係結合，使觀念間可以順利轉移，也使伴隨觀念的情緒或印象可以順利推移，並使想像推進到另一個印象的對象上時，仍然保存原來的印象，否則，就沒有觀念可以藉以比較，或藉它們產生的情感互相影響。

上述原則，與我們關於知性和情感兩者的論述極為類似，也因此表現得十分突出。根據我們的經驗，如果有兩個不被任何關係關聯的對象呈現於我面前，如果這些對象的都分別產生一種情感，而且這兩種情感相反，那麼這些對象或觀念，就會因為缺乏關係而阻止情感的反對，兩種感情因思想推移的中斷而隔離，對立的狀態也得到阻止，比較作用亦是如此。

從以上兩種現象中，我們可以得出這樣的結論：觀念間的關係必然促進印象間的推移，因為單是缺乏這種關係就足以阻止推移，而把原本會相互影響的東西分離。如果因為缺乏一個對象或性質，就使任何通常、或自然的結果停擺時，我們便可依此斷言，那個對象或性質的存在，會推動結果的出現。

論尊敬和鄙視

鄙視的情感中摻雜著令人驕傲的情感，尊敬的情感中摻雜著令人謙卑的情感，這點毋庸置疑。而同樣顯而易見的是，這種摻雜是我們把鄙視或尊敬的人，暗中跟自己比較時產生。

我們可以從觀察他人特質的真實面目，考察他人的境況，也可以將我們自己的特質與之對比，或是將這兩種方法結合運用。

對於他人的良好特質，我們的第一印象是產生愛，第二印象是謙卑，第三印象是尊敬，而尊敬實質上是前兩種情感的混合物；同樣，對於他人的惡劣特質，我們也會在觀察後產生憎恨、驕傲或鄙視的情感。

鄙視的情感中摻雜著令人驕傲的情感，尊敬的情感中摻雜著令人謙卑的情感，這點毋庸置疑。而同樣顯而易見的是，這種摻雜是我們把鄙視或尊敬的人，暗中跟自己比較時產生。

一個人可以首先處於低劣地位，再推進到相等地位，最後推進到優越地位。在這個變化的過程中，被考察的人會因自己的境況和能力，依次引起考察者的尊敬、喜愛或鄙視。只要觀點改變，不管對象改變與否，就會使我們的情感完全變調。所以，這些情感是我們在比較後而產生。

前面的論述中已提到，與謙卑傾向相比，驕傲傾向顯得更為強烈，對此，我也給出了解釋。不論我的推理是否無懈可擊，我要指出的是，這種現象可以從眾多事例中被證實，是一個不容爭辯的事實。

這個必須被承認的事實，可以解釋鄙視心理中的驕傲成分，多於尊敬心理中的謙卑成分；在觀察低於自己的人時感到的滿意程度，大於在高於自己的人面前感到的恥辱感等等。而且，這種驕傲傾向也充斥於鄙視或蔑視的情感中，以致看不到其他情感。

但在尊重和尊敬中，相比於謙卑，愛的成分更大。自負的情感總容易被一觸即發，而要激發謙卑的情感，需要的是足夠的衝動。

這時，可能有人會產生這樣的疑問：為什麼這種混雜的情形，在某些情況下存在，在某些情況下又不存在？

其實，當他人身上能引起愛的對象，轉移到自身時，這種對象就成了使我們驕傲的根源。所以，如果這些對象只是與自己的對象比較，其仍然隸屬於他人，那麼就像它們是引起愛的原因一樣，也是讓我們產生謙卑的緣由。

與上述的道理相同，恨的性質也是在直接考察中產生；而且在比較時，它還會產生驕傲，並藉著憎恨和驕傲兩種情感的混雜，激起鄙視或蔑視。所以現在的問題就是：為什麼總有一些對象不產生尊敬和鄙視這兩種混雜的情感，而產生純粹的愛或恨？

向來，我會作出這樣的假設：愛與驕傲、謙卑與恨這兩組情感，在它們的感覺方面有很大的相似性，前面兩種情感都令人愉快，後面兩種情感都令人痛苦。在這兩組真實的情感中，我們會注意到，同後面兩種令人痛苦的情感一樣，前面兩種令人愉快的情感間也有差異，甚至有著相反的性質。

的確，沒有東西能像驕傲和自負那樣振奮心靈；與此相反，惱怒和羞恥又是如此令人沮喪和氣餒。由此我們就可以得出這樣一個清晰的概念：驕傲和憎恨能振奮人的靈魂，而愛與謙卑則會軟化人的靈魂。

至此，我們便可作出這樣的論證：愛與驕傲在愉快方面的一致性，原因是它們是被同一對象所激發，而它們的相反性，卻又是它們被不同程度激發的原因。

例如，智慧和博學總是令人愉快的對象，驕傲和自負也因此產生，但這也只是因為，它們給人的快樂與愛有關；同樣令人不快的，使人感到卑賤的愚蠢和無知，也在同樣的方式下與謙卑構成雙重關係，與憎恨發生單一關係。

所以，我們就可以下一個十分確切的結論：在不同情形下，同一對象可以產生愛和驕傲、恨和謙卑，但以同一比例同時產生前兩種情感或後兩種情感，都極為少見。

論述到此，就有必要對上述問題作出解答，即為什麼有些對象只能激起單一的愛或恨，而不是透過謙卑或驕傲的混雜，產生尊敬或鄙視？

在他人身上的任何一種特質，都不能在比較後使我們感到謙卑，而只有在自身才能產生驕傲；反過來亦同，間接觀察的任何對象，也不能因比較而激發驕傲，只能在直接觀察中產生謙卑。

由此不難發現：透過比較，各個對象都會產生與原來恰好相反的感覺。所以，如果有一個特別適合產生愛，而不完全適合激發驕傲的對象時，這個對象便會藉著比較，直接產生一種較大的愛和較小的謙卑，而後一種情感在混合情感中幾乎察覺不到，也就不足以把愛轉變為尊敬。

另外個性好、幽默、機敏、慷慨、美等特質也容易激起人們的愛，但卻沒那麼容易能激發驕傲。也正因為此，當一些人看到他人擁有這種特質時，雖然很快能產生純粹的愛，可還是摻雜著些微的謙卑和尊敬，其他與此相反的情感也屬於這個範疇。

在結束這個論題前，我們不妨說明一下那個常見又奇特的現象：我們在生活中，為什麼總要與我們鄙視的人保持一定的距離，甚至不願那些比我們低微的人接近自己。

我們在前面談過，幾乎每一種觀念都伴有某種情緒，甚至大觀念也是如此。而對那些被認為與人生有重要關係，並且吸引我們注意的觀念，更是如此。

我們在觀察一個富人或窮人時，不管如何視而不見，心裡也會產生一種微弱的，對富人的尊敬和對窮人的鄙視。雖然這兩種情感相反，但為了使這種相反性被察覺，那些對象必然要有某種關聯，否則各種情感將會被完全隔離。

這種現象極為常見，因為一旦對方接近自己，便會與自己發生關係。這也正是當我們看到一個富人和一個窮人、一個貴族和一個僕人那樣不相稱的狀態時，為什麼會感到不快。

因為低微者向來被認為缺乏教養，他們往往不能感覺到這種身分不稱，故絲毫不受影響，所以一旦他們接近自己，高貴者便會特別感到不快。通常，人們都會因他人的優越，而想與其保持距離，而一旦真正的接近，就會加倍表示尊敬和崇拜。所以，如果人們沒有遵守這種行為，便會被認為沒有感覺到對方的優越。

在某種程度上，我們都可將性質上的巨大差異比喻成一個距離。雖然這個比喻略顯膚淺，但它是以想像的自然原則為根據。因兩者的差異，便產生了距離，這也正說明了差異和距離是緊密關聯的兩個觀念。

論強烈的情感

靜心之所以能削弱人的情感，是因為靜心消除了使情感增強的不定心理。心靈在自由放任的狀態時，會很快萎靡，因此為了保持它的熱忱，每時每刻都應注入一個新的情感之流。

探討平靜、強烈情感的起因和結果，是哲學中最為細緻的一個課題。眾所周知，情感的強烈程度，或情感對性情造成的混亂程度，並沒有與其對意志的影響成正比，且恰恰相反。當情感作為一個明確的行為準則，並主導體現靈魂的傾向時，即使再強烈，也無法使情緒產生波瀾。

既然習慣的力量，和情感本身的力量已完全屈從於這種情感，那麼當這種情感在引導時，就不會再受到偶然情感發作的影響，導致產生了與之對立的情緒。

從上述意義來說，區別平靜、微弱的情感，與區別兇猛、強烈的情感，就顯得尤為重要。

雖然情感在理論上並不是越強烈，對意志的影響越大，但在現實中，當我們想支配一個人的意志時，較好的辦法仍是鼓動其猛烈的感情，而不是鼓動其平靜的感情。我們寧願透過情感的失常來支配他，而非透過世俗的理性。

通常在我們看來，這種支配都依靠於對象的情況，這一方面如有變化，就會使平靜情感與猛烈情感互相轉化。所以，我們都應該把對象放一種特殊環境，增強其猛烈的情感。

雖然平靜、猛烈情感都趨福避禍，且都隨著禍福起伏，但兩者之間還是有顯著的差別：同一種福利，在臨近時會引起一種強烈的情感，而在遠離時則會產生一種平靜的情感。

這個問題正與意志問題密不可分。在此我們將進行深入的探討，並且考究使情感趨於平靜或強烈的對象的情況。

大家可能都注意到人性中一個鮮明的特性，即：一種情感與相伴而來的任何情緒，都有著明顯的差異，甚至完全相反，但後者還是很容易轉變成前者。

雖然經過無數經驗已證實，不同感情間的完全結合需要印象和觀念的雙重關係，甚至單一種關係也不足以完成這種結合，我們仍有必要了解其限制。並且我們還必須認識到，這種雙重關係的存在，只是為了產生另一種情感。

在各自的原因下，這兩種情感一產生便存在於心中，隨後兩者之間的混合就變得極為容易。此時，這兩種情感之間只有一種關係，甚至沒有關係。

當主導的情感吞沒微弱的情感時，微弱的情感便會轉變為主導的情感，精神一旦被刺激，就會產生一種傾向性變化，由此我們也會情不自禁地認為，這種變化來自優勢的情感方向。

這就好比熱戀中的人，情人的一些小過錯和任性，以及一些嫉妒和爭吵，雖然都令人不快，甚至偶爾也會招致對方的憤怒和憎恨；但這些小過失往往能給予優勢的情感一種額外的力量。

在這方面，政治家表現得尤為突出：為了刺激閱聽人的好奇心，他們一開始往往只陳述事實；當閱聽人激動起來時，他們還是盡量延緩滿足；而直至閱聽人已經足夠激動，渴望和焦急的情緒達到頂點時，他們才和盤托出整個事情的底細。因為他們知道，閱聽人會因好奇心被激起的情感所主導。

對於一個即將走向前線的士兵來說，如果他想到了自己的朋友和戰友，那麼他就會因此得到鼓舞；如果他想到的是敵人，那麼他就會感到恐懼。不管是勇氣還是恐懼，這些情緒都是自然產生，乃因於觀念關係和低弱情緒轉變為優勢情感。所以，在軍事訓練中，統一英武的制服、幹練整齊的動作，以及威武莊嚴的軍容，都能使我們勇氣倍增；而如果同樣的情景出現在敵人面前，則會使我們心生恐懼，即使因為美觀而使人愉快。

的確，雖然情感都有獨立性，然而當它們同時存在時，兩者便會自然地融合。所以，如果將福禍置於那種情況下，以至除了直接的慾望情感或厭惡情感外，還引起了其它特殊的情緒，那麼慾望情感或厭惡情感必然會更為強烈。

以上這種情況極為常見，一般的對象在激起相反情感時都無一例外。一般來說，兩種情感的對立，會在精神中產生一種新的情緒，這種情緒比相互均衡的兩種感情，能產生更大的紛亂。並且，這種新的情緒會輕易地轉變為主導的情感。

所以，我們為何總是不由自主地對被禁止的東西心生慾望，或對某些不合法的行為懷有無限興趣，也就不難理解。因為義務概念在和情感相反的情況下，不但難以克服情感，還會在動機和原則之間產生對立，增強情感。

需要指出的是，不管以上這種對立發生於內在的動機還是外在的阻礙，都會有同樣的效果。因為在這兩種情況下，情感都會獲得新的力量，心靈在克服障礙的過程中會被刺激，情感因此越發活躍。

另外，與對立一樣，不定心理也有著此類影響。思想會在激動的過程中迅速轉變到另一種觀點，由此，各式各樣的情感便會因不同的觀點而接續出現。但所有這些情感都只在心中產生被刺激，並被注入主導的情感。

所以我認為：靜心之所以能削弱人的情感，是因為靜心消除了使情感增強的不定心理。心靈在自由放任的狀態時，會很快萎靡，因此為了保持它的熱忱，每時每刻都應注入一個新的情感之流。

激發任何情感的最有效方法，就是把這種情感的對象投入陰影中，將其部分隱藏，使我們喜歡對象的同時，又留下了足夠的想像空間。此時，不但模糊現象產生了一種不定感，想像也為補足這個觀念作了足夠的努力，精神由此得到激發，情感也被注入了一種額外力量。

相反的絕望，也和靜心有著同樣的效果。離別在不同情況下，也會增強情感或減弱情感。正如拉羅希福可公爵所說：「離別消滅微弱的情感，卻又增強強烈的情感；正如大風雖然能吹滅蠟燭，卻將一堆大火吹得更旺。」

論好奇心或對真理的愛

如果一個人僅僅把線和角的關係告訴我們，即使他的判斷非常準確，我們也不會感到多大快樂。因為在這種情況下，我們只要運用耳朵，就足以聽到真理，甚至無須集中注意力，故卓越的才能這時也顯得非常多餘。

我們已經探討了心靈的諸多部分，也考察了多種情感，卻忽略了對真理的愛好。其實，這種愛好是我們進行探究的最初根源，真是一個不小的疏忽。所以在此我將考察這種情感，並指出它在人性中的根源。

真理可分為兩種：一種是發現觀念之間比例，另一種是對象的觀念與實際存在相符。

對於第一種真理，不管我們是用兩腳圓規，還是以數學理論證明兩個物體的相等性質，都會發現結論的正確性。這種真理不僅僅是作為正確的真理被人們追求，甚至還會帶給人們額外的快樂。

真理的證明過程，既可以是理性，也可以是感性，而且，心靈對這兩種論證都有同樣的信念。不論是簡單的算術還是深奧的演算，真理和信念的性質都一樣，但在這種演算中，所獲得的快樂極小，但也不至於使人痛苦。

由此，我們便不難發現：我們在追尋真理過程中發現的快樂，並不都是由真理本身得來，而是由其附加的某些性質。

人們在發現真理過程中的卓越天才，是真理使人愉快的首要條件。任何顯而易見的道理，總是不被人們關注，甚至本身深奧難懂的道理，如果在追求的過程中太輕而易舉，也難以引起人們重視。

毫無疑問，我們都喜愛數學家精確嚴密的論證過程，所以如果一個人只是把線和角的關係告訴我們，即使他的判斷非常準確，我們也不會感到多大快樂。因為在這種情況下，我們只要運用耳朵，就足以聽到真理，甚至無須集中注意力，卓越的才能此時顯得非常多餘——因為運用天才，恰恰是最令人愉快的心靈活動。

雖然透過以上論述，我們發現了，天才是我們從科學那裡獲得快樂的主要原因，但我還是產生了這樣的疑問：單憑這一點，我們是否就能獲得很大的快樂？其實那些被發掘的真理，也應有相當的重要性。

凡人總容易無止盡的思索代數問題，數學家卻很少做這類研究，因為他們總是關注更有用、更重要的問題。所以現在的問題是，這種效用和重要性是以什麼方式，在我們心理上發生作用？

就這個問題而言，其難處在於：許多哲學家為了尋找他們認為對世人有用的真理，在時間、健康、財富等方面都付出了巨大的代價；可從他們的行為來看，卻沒有任何為公眾服務的精神，絲毫不關心人類的利益。而一旦他們認為自己的發現毫無重要性，他們就會完全喪失研究的興趣，雖然實際上他們對研究的結果毫不關心。

這種情況似乎是一種矛盾，為了解這個矛盾，我們必須考察：有些慾望和愛好只是想像，是情感微弱的影子，而非任何實在的情感。

例如，不管是陌生人還是敵人，不管對居民有無好感，甚至懷著憎恨，任何人在觀察一個城市的防禦工程時，都會因工程的達到標準感到相應的快樂。但這種快樂是因工程的效用而產生，而不是產生於形式，所以它也只能是對居民的一種同情，畢竟所有建築技術都是為了居民的安全。

至此，肯定會有人針對上述問題提出反對：「作為一種情感，那種疏遠的同情的基礎非常薄弱，而哲學家的勤奮努力，不會在這種淺薄的情感中產生。」

關於這個問題，我要重述一下前面說過的話，即：研究的快樂主要源於心靈活動，源於在發現、理解真理時運用了卓越天才。

如果我們的快樂需要依真理的重要性來補足，那這種作用，也不是直接提升了我們的快樂，而在於吸引、固定了我們的注意力。而當我們漫不經心時，同樣的知性活動就不會影響我們，也不足以傳來當我們處於另外一種心情中時，所可能得到的那種快樂。

心靈的活動固然是快樂的基礎，但除此之外，在探求真理的路上也需要獲得一些成功。

對此，我有自己的看法：當心靈帶著一種情感追求任何目的時，雖然這種情感並不是由目的發生，而只是由追求所引起，但由於感情的自然過程，我們也會關注那個目的，並會因追求過程中的失敗感到不快。

為了更形象化、準確地說明上述道理，我將舉出打獵與哲學的例子：

眾所周知，打獵的快樂源於身心的活動，如運動、注意力、困難、不確定因素等等，但這些活動必須伴隨一種效用觀念，才能對產生作用。一個富甲一方沒有貪戀的人，在獵取山雞時會感到快樂，但對獵取烏鴉卻提不起興趣，這是因為前者可以食用，後者卻無任何作用。

的確，在以上實例中，效用或重要性本身並不會引起任何情感，而只是作為想像的支撐。所以，即使以上這個人在其他事情上忽略了十倍，甚至更多的利益，但在打獵幾小時並獲得一些鷸鳥後，他還是會感到高興。

為了使打獵和哲學的平行關係更為突出和準確，我們可以說：在這兩種情形下，我們的活動目的本身可以被鄙視，但如果在活動開始後便注意這個目的，那麼當這個目的遭遇挫折時，便會感到非常的失望和不快，就像我們在失去獵物或推理陷於錯誤時會感到懊喪。

如果這些情感還需要另外一種平行情感，我們可以考察一下賭博的情感：

賭博帶給人的快樂，正如打獵和哲學，都是以同樣的原則為根據。利益是賭博快樂的主要原因，但不是唯一原因，如許多人拋棄必得利益，而轉向這種娛樂，便說明這種快樂並不僅僅由利益而來。

其實這種快樂是由兩種原因結合，雖然這些原因在分開時不發揮任何作用。這種情況正像某些化學作用一樣，兩種清澈透明的液體在混合後，產生了第三種不透明的有色的液體。

賭博過程中，我們關注是否能贏得賭注，而正是這種關注，我們才感受到賭博的快樂。並且，在注意力被完全吸引的情況下，任何困難、變化、運氣的突然轉變，都能強化我們的興趣，快感便由這種關注產生。

人們多半具有惰性，所以任何能提供消遣的東西，即使其憑藉的情感摻雜著一種痛苦，但大體上仍會給人們帶來一種明顯的快樂。這種快樂在這裡被對象的本性增強了，因為這些對象既可感知，範圍又狹窄，所以容易被注意，並透過想像感到愉快。

最後需要補充的是，數學中愛好真理的理論，也可以推廣到道德學、政治學、自然哲學和其他學科。但除了表現於各個科學中的知識愛好外，人性中還有一種好奇心，是由另外一種完全不同的原則得來的情感。

第二章　政治學可以解析為科學

休謨對政治學也有自己深刻的理解。他把政治學定義為「研究在社會裡結合並互相依存的人類」。在〈論政治學可以析解為科學〉一文中，休謨提出了構成政治科學的三個基本的因素，即政體、法治與人性，可以說這三點是休謨社會政治理論的主線，貫穿在一系列的著作中，是其思想精要之一。

論民族特性

隨著時代更迭，人的行為習慣也產生變化，由人的行為習慣構成的民族特性，也隨之劇變。就像古希臘人的機靈、勤奮和活躍精神，與當今希臘居民的愚蠢和懶惰毫無共同之處。

有識之士這樣認為：無論哪個民族都有其特質，有一套獨特的行為模式，有與其他民族相區別的特點，在此稱為民族特性。

對民族特性的產生原因有很多解釋，但主要的說法有兩種：一是自然因素，二是精神因素，而兩者中，精神因素又對民族特性的形成有較大的影響。因為民族是由個人構成的集體，而個人的行為模式更多取決於精神因素。

精神因素決定了不同職業者的性格特點：軍人隨時都可能喪命，這使他們勇敢無畏又慷慨揮霍；農民每天都辛勤耕作，這使他們養成了吃苦耐勞的性格；神父由於特定環境，使他們必須裝的比實際上虔誠，也讓他們必須保持矜持，且必須不斷做出痛苦的表情。

神父這一特殊的職業，在民族特性上有其典型的特徵。神職人員為了實現志向往往採取愚昧、迷信、盲目信仰和假虔誠的欺騙行為。

大多數人都有一種幼稚的自負，神職人員尤其容易受到這個缺點的誘惑，因為愚昧的大眾很尊敬他們，甚至會將他們看作聖徒。而大多數人都特別尊重自己的同行，神父也不例外，神父的整體利益來自人們的尊重，但也來自壓制對手。

復仇本是人類天生的激情，而對於神父，復仇似乎具有非常強大的支配力，這是因為：神父不能直接透過暴力發洩怒火，故常認為自己的隱忍遭到輕視，所以他們的自尊心便會激起復仇之情。

由此可見，人性中的許多惡德都起於明確的精神因素，而自然因素影響民族特性的形成是外因作用，這些環境條件能影響各種動物，卻不能徹底影響所有動物。斯特拉波對「氣候能影響人」的看法很不以為然，他說：「唯有習俗與教育能影響人。」雅典人之所以有學問，斯巴達人和底比斯人之所以愚昧無知，都不是因為自然氣候。

人類的心靈十分善於模仿。因此，除了使用相同的語言外，也會養成相似的行為習慣，每個人雖然各有性格，但也具備共同特性，即民族特性。在社會的幼年期，任何一種特質若比其他特質豐富，它自然會成為主導，使民族特性染上它的色彩。

一個共和國建立之初，應將一位如布魯圖斯的人放在掌權的位置，他應當對自由和國家利益滿懷熱情，不顧天性的一切羈絆，不計私利，而這種傑出榜樣必然會影響整個社會，點燃每個人胸中相同的激情。無論造就一代人行為習慣的因素是什麼，下一代人都會更深地染上前人的色彩。

因此我認為：一切民族特性並不取決於確定的精神因素，而是來自上述一些偶然因素，自然因素對人類心靈也沒有顯著的影響。將未顯現的原因視為並不存在，這是哲學中的一條基本準則。

若查閱上下五千年的編年史，就會發現：氣候影響行為模式的跡象少之又少，而行為模式互相影響、傳染的跡象卻隨處可見。我們可以看到，幅員廣大的政府會將民族特性傳遍整個帝國，也能目睹到相鄰的小國雖然各有特性，人民的行為模式卻差異分明，說明同一種民族特性，通常會限於政府權力的精確邊界內。

當一些行為的偶然因素，使同一國家的兩個民族無法融合時，它們的行為模式便會在之後的數世紀相去甚遠，例如：土耳其人的誠實、莊重和勇敢，與現代希臘人的狡詐、輕浮和怯懦，形成了鮮明的對照。

此外，一個民族的法律和語言，會隨那個民族的行為傳遍世界，正因如此才能分辨出西班牙、法國、英國、荷蘭的殖民地。

隨著時代更迭，人的行為習慣也產生變化，由人的行為習慣構成的民族特性，也隨之劇變。就像古希臘人的機靈、勤奮和活躍精神，與當今希臘居民的愚蠢和懶惰毫無共同之處。坦率、勇敢和熱愛自由是古羅馬人的特質；而狡詐、怯懦和奴性卻是現代羅馬人的特性。

古代的西班牙人不安本分、狂暴蠻橫、非常好戰，乃至很多西班牙人被羅馬人繳械後紛紛自殺；可是，激勵當今的西班牙人拿起武器，卻像讓古代西班牙人放下武器一樣困難。巴達維亞人是天生的軍人，當年曾自願受僱於羅馬的軍隊；但後代卻像古羅馬人僱用他們的先輩那樣，雇外國人當兵。法國人的性格中還存留著當年凱撒歸因於高盧人的一些特點，但現代法國人的文雅、仁慈和博學，又如何能與古代法國人的愚昧、野蠻和粗鄙相提並論？

相似的行為模式，也源於相鄰民族間的密切交流，因此你能見到法蘭克人與東方民族有相同的特性。

生活中你會看到，有著共同語言、共同社會環境的同一民族，其行為習慣會出現奇妙的混合，在這一方面，英格蘭人表現的最為明顯。

有人認為，氣候的冷暖會對人產生重大的影響，而使人們認為：寒帶或熱帶地區的民族，都不如其他地區的民族優秀，沒有能力做出人類思維較高的成就。但事實上，氣候根本不是影響這種性情氣質差別的因素。

希臘人和羅馬人將其他民族稱為野蠻人，認為居住在南方氣候的人更有才能、有智慧，認為北方民族根本不能掌握知識與禮節；但我們英格蘭島也誕生了希臘和義大利不得不承認的偉大實踐家和學問家。

有人說：一個國家所在的位置越接近太陽，該國人的情感越精緻，鑒賞美和高雅的趣味，會隨著緯度的增加而提高。但這種看法卻不能普遍適用。

阿拉伯語粗糙笨拙，並不悅耳，而俄語卻柔和且富於音樂性；拉丁語的特點是生動有力、音調刺耳，而義大利語卻是世界上最清晰、最流暢、最陰柔的語言。每一種語言多少都依賴於人們的行為模式，但更依賴於詞彙與聲音的最初原料，從祖先繼承下來，即使人們的行為模式發生了巨大的變化，那些原料也無法改變。

不僅如此，一個民族的行為模式改進得越多，語言就改變得越少。許多天才人物將他們的趣味與知識傳播給民族，使人們有了長足的進步，在此同時也將語言固定，從而在一定程度上遏止了語言產生過大的變化。

培根爵士曾說：「南方人通常都比北方人更具創造才能，但若寒冷的地區中出現了一位天才，他便能超越南方才子的高度。」

我相信，若只用這個見解去看歐洲的各個民族，且只看當代，可以認為這個見解是對的；但我認為，這種現象可能緣自精神因素。我們英國所有的科學和文化都是從南方國家引進，因此很容易想到，一旦競爭精神和榮譽心激發了實踐它們的熱忱，少數痴迷的人便會竭盡全力使它們得到高度的發展，以達到完美的頂點。這些天才將知識傳播出去，贏得了學術界的普遍認可和尊重；但其他人由於未得到恰當的鼓勵，便不再如以前一樣勤奮。

因此，即使知識已被普遍傳播，無知與粗鄙被徹底拋棄，也極少能使個別人有任何顯著的完善。尤維納利斯說：「從前唯有希臘人和義大利人懂得科學，而現在全世界都在效法雅典和羅馬。口才非凡的高盧人已教會不列顛人懂得法律，連圖勒人都在打算雇用修辭學家當老師。」當時知識的這種狀況非常引人關注，因為尤維納利斯是古羅馬最後一位天才作家，而他以後的作家之所以受人尊重，只是由於他們為我們提供了一些史料而已。

本提沃格利奧紅衣主教認為：北方的民族在正直與誠實方面勝於南方的民族。但我往往認為，這種情況大概是出於偶然。古羅馬人是個正直誠實的民族，而北方的現代土耳其人也是如此，如果一定要給這種結果做明確的解釋，我們只能說，極端的情況可能會同時發生，並會引起同樣的結果。

大多數征戰都是由北向南，有人便由此推斷：北方民族的勇猛殘忍超過南方民族。不過也有人認為，征戰大多是貧窮民族對富庶民族發動。一位著名的作家曾指出：「勇猛的動物皆為食肉動物。」食物豐沛的民族（例如英格蘭人）很可能比其他國家半飢餓狀態的民眾更勇猛；然而瑞典人雖然在食物方面較為匱乏，但在作戰勇猛上，卻毫不遜於世界上任何民族。

在民族性格中，「勇敢」通常是最不穩定的性格；相反，「勤奮」與「文雅」卻可能是一種穩定而普遍的民族性格，可能變成全民族的習慣，而維持勇氣必須依靠紀律、勤奮與文雅。凱撒的第十步兵團、法國的皮卡迪地區軍團，都是由各民族混合而成，而一旦他們勤奮並懷有同一信念，他們就是世上最精良的部隊。

對於不同氣候下的民族差異，有一種說法值得我們考慮：北方民族更喜歡烈酒，而南方民族更迷戀愛情和女人。我們可以為這個差異找出一個十分可信的理由：紅酒和燒酒能使人在寒冷的北方氣候中溫暖身體；而那些曝晒在豔陽下的國家使人熱血沸騰，遂使兩性之間的激情倍增。

這種差異或許也歸因於精神因素：烈酒在北方地區比較罕見，因此人們更渴望得到它們。希庫盧斯告訴我們：他那個時代的高盧人是有名的醉漢，更迷戀好酒。我認為這是由於好酒在北方更罕見、更新奇。一方面，南方的炎熱氣候使男人和女人不得不半裸外出，因而使男女交往變得更加危險，更易燃起兩性間的情慾；另一方面，南方女人成熟較早，因此必須更小心約束她們的行為、更密切關心她們的教育。悠閒安逸最能引發戀愛的激情，而勤勉辛勞則最能破壞。溫暖氣候中的民族，其生活必需品明顯少於寒冷氣候中的民族，而僅僅環境這一個因素，便可能使南北民族判然有別。

將不同的民族性歸因於不同的氣候，這個見解值得懷疑。古希臘人雖然生於溫暖氣候，卻似乎非常嗜酒；他們尋歡作樂的聚會也沒有特殊目的，只是男人間的飲酒競賽。古希臘男人原本會遠離女人，聚在一起消磨時光；但自從亞歷山大率希臘人進入波斯後，希臘人效仿了波斯人，放蕩行為大大的增加。

如果說嫉妒是人的天性，那麼任何民族的嫉妒都不及俄國人。俄國人在與歐洲交流前，他們這方面的行為模式已多少有所改變。

然而，如果自然原理的輪迴，真的可以嚴格分配這種情況，將對酒的激情分給北方民族，將對愛的激情分給南方民族，我們便只能作出這樣的推斷：氣候因素可能影響我們體內比較明顯的器官，卻不能影響那些比較精緻的器官，然而心靈和理智的運作則要依靠那些精緻的器官。這個推斷與自然運作十分相似。

最後我想說，民族的文雅禮節是優良的民族特質，而文雅禮節往往都依賴於一種交往，即激情的愛要得到恰當控制。如果這種激情超出一定程度，便會使男人嫉妒，從而斷絕男女間的自由交往。而民族特性若能掌握好這一方面，我們便會發現，無論在何種環境下，人們生活的各個方面都能有全面的提升。

論政府的起源

政府也是由具有缺點的人組成，但它還是一種最為精微巧妙的發明，在一定程度上能免去自身的缺點，最終成為一個新的組織。

人類活動通常是受利益支配，生活中所關懷的不外乎是最接近的親友，這一點眾所公認。而若非人類普遍而不變地遵守正義規則，便無法如此有效地達到這種利益，人們藉這些規則才能保存社會，不至於墮入人們所謂的自然狀態，那種可憐的野蠻狀態中。

既然如此，若所有人都維持社會正義，得到的利益非常巨大。因此，既然人類那麼真誠地依戀自己的利益，他們的利益又那麼賴於正義的遵守，並且這個利益又是為大家所公認，就會有人問到：是什麼情感矇蔽了人們的認知，並且為何即使遵守正義，仍然會發生動亂？

我通常認為，人類的情感受想像所支配，並且這種情感與一切觀點成正比，而非與這個對象的內在價值成正比。以強烈生動觀念刺激人們的對象，總是超越於模糊觀點下的對象。

既然凡時空上與我們接近的東西常以觀念刺激我們，因此它在意志與情感上也有一種成比例的效果，而通常比較遠、較模糊觀點下的對象有更強的力量。

雖然我們能夠充分相信後一個對象較前一個對象更為優越，但是我們卻無法以這種判斷來調整行為。我們順從情感的指示而行動，但情感卻總是為了接近某種東西而辯護。

透過上面的分析我們就可以理解，人們的行為為什麼和他們明知的利益相互排斥。尤其是他們寧取任何現實的小利益、而不顧維持社會秩序。破壞公道造成的後果對於人們好像是遙不可及的，他們不會放棄眼前直接的利益。於是，在社會上公道的破壞必然會非常頻繁，而人類交往因此也變的極危險而不可靠。

我們彼此都有捨遠求近的傾向，並也容易犯非義的行為。你的先例推動我照做，給了我一個破壞公道的新理由，因為你向我表明，我假如獨自嚴厲的約束自己，其他人卻在那裡縱所欲為，那麼我就會由於正直成為傻子，所以這種非義的行為也就容易理解了。

可以見得，人生的非義行為不僅危害社會，且看起來是無可救藥，補救的方法只能來自人類的自發同意。人們如果無法自行捨近求遠，那麼他們便永不會屈服於強迫他們的任何事情，不會同意顯然與他們傾向衝突的事情。選擇手段的同時，也選擇了目的，如果我們不捨近求遠，那麼我也無法順從這種行為模式的必然性。

每當我們考慮任何遠隔的對象時，它們所有的細小區別就消失了，並且我們總是偏重本身可取的東西，而不考慮它的境況和條件。這就產生了不確當的理性，這種理性就是和對象在接近時，人們的那些傾向往往矛盾的一個原則。

在以後的行為中，我總是選擇較大的善。在那個細節方面的任何差異，讓我現在的意向與決心都無法改變。我與最後的決定由於距離遙遠，就讓所有那些細微的差異消失，並且影響我的只有那些一般的、比較能辨識的善和惡。我原來忽視的那些條件，當我在比較接近的時候，就出現了，而且對我的行為和感情產生影響。動搖了我目前的善，讓我難以堅持我的初衷和決心。

如果我們無法改正天性中任何不良的性質，那麼只能最大限度地改變外在的條件，讓遵守正義成為我們最切近的利益，而破壞正義成為我們最遙遠的利益。不過，這只有在少數人方面才行得通，因而這些人與執行正義發生了直接的利害關係。這些人對於國內大部分的人沒有私親關係，所以對於任何非義的行為，均沒有利益可圖，或者只有遙遠的利益。既然他們滿足於其現狀和他們的社會任務，所以對於每一次執行正義都有一種直接利益，而執行正義對於維持社會是必需品——這就是政府與社會的起源。

人們無法改變自己的天性，也無法根治那種捨遠圖近的心理。他們所能做的就是改變境況，讓遵守正義成為某些特定人的直接利益，而違反正義是他們的遙遠利益。所以，不僅他們自己樂於遵守那些規則，而且還要強迫他人遵守法規，並在整個社會中執行公道的命令。如果需要的話，他們還可以創設若干個文武官員，協助那些執行正義的人。

猛烈的情感會妨害人們清楚看見對採取公道行為的利益，也會阻止他們清楚看到公道本身，而讓他們對自己的愛好有顯著偏私。如果假設執行正義的人，對於社會的大部分人沒有私親，那麼他們的判決就會比常人公道許多。

正是由於正義的執行和判斷，才使人們的弱點和情感得到了防止的保障，並得到了社會和諧的滋味。政府保護人們實行他們所締結的協議，並強讓他們同心和促進某種公共目的，藉以求取他們自己的利益。

人性中最致命的錯誤就是捨遠求近，且根據對象的位置來求取對象，而不根據它真正的價值。兩個鄰居能夠同意排去他們共有草地中的積水，由於他們能相互了解對方心思，並且每個人都必然看得到，不執行任何計劃的直接後果就是將全部計劃拋棄。

由此可見，他們對於一個複雜的計劃都難以同心一致，更不用說是執行計劃了。由於各人想省卻麻煩和開支，將全部負擔加在他人身上，都在為自己找藉口。

政治社會能夠補救這些弊病，執政官將他們的任何臣民的利益看作自己的直接利益。無須諮詢別人，他們只須自己考慮，就能夠擬定促進那種利益的計劃。在執行計劃時，由於任何一部分的失敗牽連到間接的全體的失敗，因此他們就防止那種失敗，他們在這種失敗中看不到有任何切近或遙遠的利益。

政府也是由具有缺點的人組成，但它還是一種最精微巧妙的發明，在一定程度上能夠免去自身的缺點，最終成為一個新的組織。

論政治社會

任何社會都需要建立一定的規則，即使最不道德、對一般社會的利益最具毀滅性的原則之上的那些社會，也需要一定的規則，它們既透過私人利益、也透過虛假榮譽，約束每一個成員去遵守。

如果人人都能時刻遵奉正義和公道，有足夠的心靈力量堅持一般和長遠的利益，抵禦某種不利的好處與誘惑，這種情況下，任何政府、社人、個人都會順其天然的自由，與其他人和諧的生活。

當社會廣泛交往時，一套新的規則就會立即被設立，在特定的境況中使用，相應地國際法就會出現。如：使節人格的神聖不可侵犯、禁止有毒武器等。

獨立國家每日都在建立聯盟、締結條約，如果發現這些條約沒有效力或權威，也只不過是浪費紙張，而王國與個人之間的差異正在於此。沒有個人間的聯結，人類本性絕不可能存續；而不尊重公道和正義的法則，個人間的聯結也絕不可能發生。但是國家沒有交往卻能生存，甚至在某種程度上可以生存於全面的戰爭狀態，遵奉正義雖然在國家間有用，卻不像個人必需強烈的維護，其道義責任與價值成正比。

政治家和哲學家都認為，在某些特殊情況，可以廢除正義的規則，使其失效，如果繼續執行，將會損失雙方的共同利益，但也不排除個人的毀約或對他人財產的侵犯，極端有必要辯護。

在父母為繁衍後代而結合時，這種結合要求貞潔或忠於婚姻的道德，在這方面，女人的不忠比男人的不忠更有害，因而貞潔的法律對女性比對男性更為嚴格。

規則常常被擴展到超出最初產生的原則，這在一切趣味和情感問題上都有可能發生。儘管必須承認，個人的美很大程度上來自效用，想像力受觀念的聯結而影響，這些聯結雖然最初能有判斷力，不容易被特例所改變。女人在貞潔事例中會不斷被預見自由放縱，並被輕率地認為這是整個社會義務中不可少的。

若法律和習俗在允許近親婚配或認同他們的交合，那麼就無法保持純潔。因此，社會認為亂倫高度有害，同時也賦予了道德敗壞和思想墮落的惡名。

若沒有忠實的限制，心靈之間的自由溝通和社會的交往必定受到極大的阻礙。

例如：有些流言起初沒有造成惡劣的後果，但三人成虎後，往往轉向有關當事人，或者不經易說出故事的作者，就會引起最單純、最無冒犯性的怨恨和爭吵。

良好原則的作風是多數法則的基礎，也是為了交際舒適而設計的道德。一切良好禮數都是有根據的被制定，過多或過少都會受到責備。

維護良好的社會關係離不開友誼、依戀和親暱的堅貞，值得讚頌表揚。但是當人們在追求健康快樂時，不分男女老少、不拘禮儀的聚集，公共的便利就會免除這一準則。習俗和準則在這種情況下得到放縱，短暫進行一種無拘無束的交往，且不破壞已建立的良好作風。

任何社會都需要建立一定的規則，即使最不道德、對社會利益最具毀滅性的那些社會，也需要一定的規則，它們既透過私人利益、也透過虛假榮譽約束每一個成員。

娛樂社會的國家在賽場上有許多法則，其法則變化不定，這樣的社會基本上非常輕浮。就此而論，在這些法則與正義、忠實和忠誠等的那些規則間，存在一種實質性的差異。人類不可缺少社會，而規範道德的公共便利不可動搖地建立在人的本性上，和世界的本質中。從兩者的對比，我們可以認識到在人們的交往中，必須要有規則。

規則無處不在，道路上行駛的車輛，有基本的讓道原則，而這些原則是基於相互的舒適便利。

深入的理解規則、準則和關於正義和榮譽的觀念，我們就會發現：正是由於這些規則的出現，人們的行動才受到確定原則的限制。而多數人的效用和共同利益在各方交流中，都符合正義和非正義的規範。

論國際法

國與國之間一樣需要互助，自私與野心是戰爭與紛亂的來源。各國在某些方面類似於個人，但在別的方面又與個人極其不同，所以就需要用一套新的國際法約束自己的行為。

政治學家認為：政治團體在任何交往中，都應該被看作是一個法人。這句話在一定程度上是合理的。

國與國之間一樣需要互助，自私與野心是戰爭與紛亂的來源。各國在某些方面類似於個人，但在別的方面又與個人極其不同，所以就需要用一套新的國際法約束自己的行為。總之，為了顯示大使人格的神聖不可侵犯、禁止使用有毒武器，以及各種社會交往而規定的同類義務，都要歸咎如此。

這些規則本來是附在自然法之上，但是規則並沒有完全取消自然法的作用。穩定財物占有、依據同意轉移所有物、履行允諾，被視為正義的三條基本原則。如果某些地區的財物占有不穩定，就一定會有永久的戰爭；如果某些地區的財產權沒有經過同意而被轉移，這個地方就沒有交易。相對而言，什麼地方的人們不遵守允諾，就無法有聯盟。所以，和平的交易與互助的利益，是國與國之間交往的基本準則。

道德體系是為國王所設立，雖然此體制準則很少有政治家願意公開承認，卻被實踐所認可，並且在現今世界十分流行。國王們訂立條約一定是為了得到某種利益，並且這種利益的前景一定會約束他們實踐的義務，而建立起自然法。

換而言之，這條政治準則可以被認為是：國王的道德也有一定的範圍，能夠因微小的變動而合法的被破壞。

透過分析經驗，我們可以發現，離開了社會，人們便無法生存，而一旦放縱他們的慾望，將無法維持社會的秩序，結果一種迫切的利益便約束他們的行為，把正義的義務加之於他們。

這種義務並沒有中斷在利益上，而是因為情感和情緒的深入發展，產生了道德義務。基於利益的自然義務也發生在各個獨立國家之間，並產生了道德約束。雖然各國間的交往有時是必要有利，但各國間履行正義的自然、道德義務，都具有某些弱點，而我們對待這些弱點要為稍微寬容。

我們無法精確地回答自然義務與道德義務的關係，只能妥當地說，無需透過任何技術與研究，這種比例就能夠自行體現。這就表明所有人對於自然正義與政治正義的道德規則，都有一種不言自明的概念，可以見得，那些規則發生於人類的協議，也存於人類維持和平秩序所獲得的利益。

正是如此，國家利益的減少無法讓道德鬆弛，這樣就容易理解各國間違逆正義的原因。

論公民自由

君主制政府中存在著改革之源，而平民政府中也存在著墮落之源，到了一定的時候，這兩種政體便會趨向一致。

在一切科學中，以文論政這門科學，最能使潛心研究的人得到滿足。但我們還是無法從中知道，美德或惡德能在多大程度上改變人性。

馬基維利是一位偉大的天才，但他的研究僅限於古代那些殘暴的政府，或者義大利那些混亂的小王國。因此，他在《君王論》中的幾乎所有原理都被駁倒，這當中有許多原因，但主要原因是他不能正確判斷政治真理。

馬基維利主張的政府是專制政府，而我所要論述的是自由政府，它遠比專制政府優越許多。但有時我又情不自禁的想，在這個世界上，是不是沒有人有資格去承擔這項任務？即使有人嘗試這項工作，是不是在不久的將來也會被經驗駁倒，被後人否定？人類事務的發展變化，足以證明古人的預期相反，也讓我對推測未來產生懷疑。

朗基努斯說，藝術和科學唯有在自由的政府中才能繁榮發展。的確，這種說法已被很多先例證明，例如古人注意到：一切藝術和科學都產生於自由國家。古人還看到，當希臘人失去自由的那一刻，藝術便開始在希臘人中衰落。

以上都充分說明了一種觀點，即：科學在民主國家能夠興起、勃大，在專制國家則會衰退、黯淡。

但在現代羅馬和佛羅倫斯等實例的衝擊下，這些作家們都陷入了沉思。他們目睹了羅馬的繪畫、雕刻、音樂等高雅藝術是在暴政和專制下發展起來，也看到了佛羅倫斯的藝術和科學，是在麥第奇家族篡權後，喪失自由的情況下壯大起來。而無論是拉斐爾、米開朗基羅還是阿里奧斯托、塔索、伽俐略，都不是在共和國下成名；魯本斯是在安特衛普建立他的畫派，而不是在阿姆斯特丹；德國高雅藝術的中心並不是漢堡，而是德勒斯登。

專制政府下的科學繁榮，最有名的例證是在法國。法國雖然幾乎未有過任何制度化的自由，但藝術與科學的發展幾乎像其他國家一樣完善，而能同時兼哲學家、詩人、演說家、史學家、畫家、建築家、雕刻家和音樂家於一身的，唯有法國人，而在戲劇方面，法國人的成就甚至超過了希臘人。

歷史發展告訴我們，商業總是在自由政府落足。追蹤商業發展的進程便會發現，這個觀點所依據的經驗，似乎比前面關於藝術與科學觀點所依據的經驗更長久、更廣泛。

歐洲最大的貿易城市倫敦、阿姆斯特丹、漢堡，都享有雙重的自由。但我們也必須指出：人們最近也十分豔羨法國的商業繁榮。而這似乎證明，這條基本原理並不比前一條更牢靠，專制君主的臣民既可能成為我們科學上的對手，也可能成為我們商業上的對手。

法國人雖然是個特例，但專制對於商業還是存在著某些害處，與專制政府本身不可分割。因此，商業貿易在專制政府中衰落，是因為商業在那裡不受尊重，只有使商業處於次要地位，才能維持君主政體。

由於對出身、頭銜與地位的尊重高於對勤勉與財富的尊重，許多有實力的商人都受到誘惑，紛紛拋棄商業，去購買那些有特權和榮譽的職位。

當今的各種政府，對外和對內的管理都有了成熟的改變，人們也充分領悟到「力量均衡是政治的祕訣之一」的祕密。

上世紀中葉，羅馬國內由於周圍攔路的強盜大增，大大擴充了喀提林的軍隊，羅馬國內的治安產生了巨大的改變。

西塞羅對米洛並未暗殺克勞迪烏斯，歸咎於羅馬治安鬆懈的證據。他說，即使米洛企圖暗殺克勞迪烏斯，也不會在白天離城那麼遠的地方襲擊他，完全可以在夜裡於城郊伏擊，而這會使人們以為克勞迪烏斯是被強盜所殺，且當時攔路搶劫的事件屢見不鮮，很容易掩蓋真相。這就是攔路強盜人數眾多和力量強大的驚人證據，因為克勞迪烏斯遇刺時，身邊還有三十個全副武裝的奴隸，足以對付煽動叛亂的護民官遇見的危險。

或許現在可以斷言：文明化君主制下的政府是法制政府，而不是人治政府，因為君主制政府在現代各種改進後逐漸完善。而以前，唯有共和制國家才能被譽為法制政府。

我們發現，君主制政府在秩序、行政方式和國內穩定方面，達到了令人吃驚的高度。在君主制國家中，財產安全，工業得到了提倡，藝術繁榮發展，君王與臣民平安地生活。

不過我一直認為，君主制政府中存在著改革之源，而平民政府中也存在著墮落之源，到了一定的時候，這兩種政體便會趨向一致。

純粹君主制的完美典範是法國。而法國出現的最大弊端，並不是來自賦稅的種類或數額，而是來自成本的不公正，武斷、繁雜的稅收方式，而這種稅收大大地遏止了窮人的勤勉。

哪些人是這些弊端的受益者？倘若是貴族，那些利益便會被看作政府本身所固有，因為貴族是君主制的真正維護者；但實際上，貴族卻是這種壓迫的主要受害者，那種稅制唯一的受益者是金融家，貴族乃至整個王國都憎惡那些人。

因此，若有一位君主或大臣，能洞察自己和國家的利益所在，便可以預期這些弊端會被改正。在這種情況下，君主制政府與我們自由政府之間的差異，便不會表現得像目前這樣明顯。

對於自由政府的墮落，根源是國家以國庫收入為抵押去借債，到一定時候，會使賦稅完全無法承受，使國家財產全都落人公眾手中。

在現代人中，荷蘭人最先引進了以低息大量借款的方式，為此幾乎自我毀滅。專制君主也舉債，但由於專制君主可以隨意宣布破產，百姓永遠不必為君主的債務而憂慮；而在平民政府中，這似乎是一種不便，它威脅著幾乎所有的自由政府。

究竟是什麼強大的動機，能促使我們節省國家的資金？那就是：國家一旦缺少資金，我們便會因各種賦稅而失去可貴的自由，並會像相鄰國家的民眾一樣，處於受奴役的地位。

論新聞自由

政府的自由為新聞自由提供了保證，新聞自由能遏止宮廷的野心，喚起百姓的意志，百姓的意志就能在一定程度上防範宮廷的野心，使政府得以安穩。

在大不列顛，人們能享有這樣的特權：向公眾表達自己的任何想法，可以和國王及其大臣們一道，公開譴責每一項法案。無限制地行使這種自由，對公眾到底是有益還是有害？

由於英國既不是君主制，也不是共和制，而是混合政府，所以法律會寬縱他們享有這樣的自由。在獨裁制的政府裡，法律、傳統和宗教共同努力，使民眾滿足於自己的生活狀態，君主不必提防臣民，往往會寬縱他們，給他們的言行很大的自由。

而在完全共和制的政府裡，不會有地位顯赫的官員藐視國家，儘管他們的權力在維護安定秩序有著優勢，但那些權力也大大限制了他們的行為，使每一位公民都十分尊重政府。

在絕對的君主制下，地方官員不必提防百姓；在絕對的共和制度下，百姓則不必提防地方官員。官民不必彼此提防，這種狀況使兩種政體中雙方互信，在君主國裡造就了一種自由，在共和國裡則造就了一種專斷的權力。

一位著名的詩人曾描述英國女王伊麗莎白的政策和政府，他借鑑羅馬人的觀點說：「他們既不能忍受完全的奴役，又不能承受完全的自由。」

英國和羅馬一樣，都是專制與自由混合的國家。不同之處是羅馬主導的是專制，而英國主導的是自由。由此可知，這些混合的政府形式可能會彼此警惕、互相提防。

羅馬帝國的皇帝大都是可怕的暴君，因為他們認為羅馬的貴族天生無法容忍皇族的統治，因為皇族先前比貴族還低下；另一方面，英國由共和制主導，因此英國政府為了保存自身，必須提防其地方官員，消除一切專斷的權力，並依靠普遍、毫不妥協的法律，確保每個人的生命財產。

的確，唯有法律才能明確判定一種行為有罪，唯有法官才能根據合法證據判定一個人犯罪。法官為了維護自身的利益，必須嚴格監督大臣們的違法和暴虐。這些原因讓大不列顛擁有極大的自由，而羅馬帝國則有著殘酷的奴役和暴虐。

眾所周知，政府的自由為新聞自由提供了保證，新聞自由能遏止宮廷的野心，喚起百姓的意志，百姓的意志在一定程度上便能防範宮廷的野心，使政府得以安穩。所以政府支持新聞自由，有了新聞自由，一切學者、智者和天才都會站在自由的一方，都會奮起捍衛自由，新聞自由也因此成為了事實。

儘管全無限制的新聞自由很難，或根本無法實現，但認為無限制的新聞自由是一劑良藥卻是錯誤的，而必須矯正抱有這種觀念的混合政府。

對於混合制政府，新聞自由不可獲缺。對任何國家，尤其是自由國家來說，欲使古老的政府延續，沒有什麼比新聞自由更重要。

新聞自由甚至可以被看成人類的普遍權利，幾乎每個政府都應當寬縱這種自由。我們不必害怕新聞自由會導致什麼不良後果，不會像雅典的政治煽動家和羅馬的護民官誇誇其談的後果。人往往是單獨閱讀一本書或小冊子，而且頭腦冷靜。周圍沒有人，因此不會受到他人激情的傳染。透過文字發洩，是阻止濫用新聞自由引起的謠言，或宣洩私下不滿最好的方法，故新聞自由幾乎不會激起民眾的騷亂或造反。

誠然，人們總是寧肯相信對統治者的批評，也不肯相信對統治者的讚揚。這種好惡與生俱來、無法消除，無論人們是否享有自由，若不習慣獨立思考、不能分辨是非時，謠言比煽動性的小冊子更有害。

人們往往認為：寬容注定與有效政府格格不入，各個教派不可能和諧共存。但隨著人類經驗的豐富，我們發現：民眾絕不全是危險的惡魔。英國也樹立了公民自由的類似典範，雖然這種自由似乎引起了一些騷亂，卻尚未造成任何有害的後果。我們希望：人們會日益習慣於對公共事務的自由討論，改善自己的判斷力，不易受惑於各種無稽謠言和流行口號。

熱愛自由的人們回顧這樣的事實時會感到欣慰，英國人享有新聞自由的權利不能被輕易剝奪，只要我們的政府還是自由和獨立的政府，新聞自由必定會與它共存。

目前，最能限制新聞自由的做法是，官方的新聞審查以及賦予法庭專斷的權力，讓它懲罰那些讓政府不快的言論。不過，這些新聞檢查權乃是公然踐踏自由，可能是一個專制政府的最後手段。我們可以由此得出一個結論：這些新聞檢查的企圖一旦得逞，英國的自由便一去不復返了。

論迷信與宗教狂熱

我們完全有理由將牧師看作迷信者的一個發明。迷信者膽小而可憐，永遠都不自信，永遠都不敢向上帝直接奉獻自己的虔誠，而是愚昧地企圖以牧師為仲介，使自己被上帝欣然接納。

真正的宗教腐敗是迷信與宗教狂熱，人類發展的很多事實都能證明這點。

從性質上講，迷信與宗教狂熱相對。迷信的根源是軟弱、恐懼、憂鬱、愚昧，而這些症狀源於個人或公眾事務的逆境，病弱的身體、悲觀、憂鬱的氣質等。

為了安撫信徒的精神狀態，宗教往往採取各種儀式、教規、禁慾、獻祭和供奉以及其他一切方式，無論多麼荒唐或瑣碎，盲目而驚恐的輕信者都情願採取那些愚蠢或自欺之舉。

宗教狂熱的根源是希冀、自傲、自大、熾熱、想像以及愚昧。這些源自繁榮成就、健康的身體、歡快高昂的情緒，或大膽自信的氣質。有了這種精神狀態，想像力便會膨脹，產生種種宏大而混亂的意念。

於是，此人便產生了狂喜與陶醉，產生了驚人飛馳的幻想，產生了不斷增長的自信與自大，這些被歸因於那位神聖存在直接賦予的靈感，他是人們虔誠信奉的對象。而一旦出現了這種狂熱，一切怪念妄想都會被他神聖化，一切道德規範都會被他視為靠不住的嚮導而遭到排斥。

迷信與宗教狂熱，給政府和社會的影響不同，且是多方面，本文只就這些影響提出幾個觀點。

宗教狂熱不承認牧師的權力，迷信者則非常維護牧師權利。這是因為，迷信的基礎是恐懼、憂慮和沮喪，迷信者將自己看得卑劣微賤，彷彿根本不配去接近那神聖的存在，所以他必定要去求助另一個人，即牧師，請他聆聽自己的祈禱、求告和獻祭，希望他向那位憤怒的上帝轉達自己合乎神意的求告。

我們完全有理由將牧師看作迷信者的一個發明。迷信者膽小而可憐，永遠都不自信，永遠都不敢向上帝直接奉獻自己的虔誠，而是愚昧地企圖以牧師為仲介，使自己被上帝欣然接納。

幾乎在一切宗教裡，迷信都占有相當大的成分，而只有哲學，能徹底克服這些無法解釋的恐懼。由此便出現了一種現象：幾乎在所有的宗教教派都能見到牧師。宗教裡混入的迷信成分越多，牧師的威信便越高，像猶太教、羅馬天主教，英國國教，都常常受到牧師權力的主宰。因此，牧師的人格被神聖化了，沒有牧師，很少人會認為自己公開的祈禱、聖禮以及其他儀式能被上帝悅納。

狂熱派非常鄙視形式、儀式，像教友派、公理會派、長老會派在這方面的表現都非常突出，這個見解基於經驗，同時也基於理性。

他們那種如醉如痴的虔誠信念無比狂熱，甚至以為真的能透過沉思和神父接近上帝。這使他們無視一切外在的宗教儀式，而在迷信教徒的眼裡，牧師在宗教的外在儀式中卻是那麼不可或缺。狂熱的教徒神聖化了自己，那種神聖比宗教儀式賦予他們的神聖更高。

以強大的精神為基礎，狂傲自負的宗教狂熱非常強大，帶有狂熱色彩的宗教最初都比帶有迷信色彩的宗教更加暴烈，但產生後不久卻會變得較為溫和適度。而若這種狂熱得到加強，那麼他們就會用上帝的啟示，蔑視理性、道德和審慎的一般規則，去激勵受惑的狂熱信徒。

正因如此，宗教狂熱造就了人類社會中最慘烈的種種混亂。任何宗教儀式、典章、教義，都無法進入日常生活，都不能使神聖的宗教原則免於被遺忘。與此相反，迷信則能逐漸地、不知不覺地潛入人心，使人們變得服貼順從。因此，迷信的宗教能為執政者所接受，而民眾也認為好像沒有什麼害處。但迷信的託管者牧師，卻因為迷信鞏固了自己的權威，從而變成暴君，用他們特有的方式擾亂人類社會。

羅馬天主教便是一個典型的例子：為了獲取權力，它將全歐洲都捲入一場浩大的動亂中。另一方面，英國那些非國教的信徒以前曾是那麼危險的宗教偏執狂，現在卻變成了非常自由的理性主義者，而其中的教友派似乎很接近宇宙間唯一有條理的自然神論信仰，即儒教，或曰中國的孔教。

迷信與宗教狂熱在對待公民自由上有所不同，宗教狂熱可以說是公民自由的友人，而迷信則是公民自由的敵人。宗教狂熱能摧毀牧師的一切權力，在它雄心勃勃的同時，伴隨著自由精神。

在英國內戰時期，公理會教派和自然神論者的宗教信仰雖然最為對立，兩者卻聯合成了一個政治實體，對共和國同樣滿懷熱忱。輝格黨與托利黨誕生後，輝格黨的領袖們有的信仰自然神論，有的不拘泥宗教信條，公開表示贊成寬容、對基督教所有教派一視同仁。而非英國國教教派的信徒，則具備宗教狂熱的鮮明色彩，總無一例外地贊同輝格黨關於保衛公民自由的主張。

反之，迷信使高教會派的托利黨人與羅馬天主教徒長期結合，共同支持國王的特權，儘管有些人覺得輝格黨的寬容精神與後來托利黨的寬大精神似乎十分相似。

不同的宗教精神往往決定不同的宗教派別的性質。法國的莫利納教派由耶穌會修士操縱，是迷信的密友，墨守外在的宗教形式和禮儀，全心擁護牧師的權威及傳統。楊森主義是宗教狂熱者，熱心提倡熱忱的侍奉和內心生活，很少會受權威的影響，他們可謂是半個天主教徒。

結果與我前面的推論完全相契：耶穌會修士最終成了民眾的暴君和宮廷的奴僕；楊森主義卻保留了熱愛自由的微弱火花，而日後將在法蘭西民族中迸發。

論多妻制與離婚

雙方利益會對夫妻關係造成一定的影響。因為其他關係都不像夫妻關係那樣，將雙方全部的利害得失緊密地結合，也就不會像夫妻關係那樣危機四伏。

婚姻是什麼？婚姻是一種契約，建立在雙方意願的基礎上。它受各種條件的影響，但如果婚姻雙方不違背繁衍人類這一根本目的，多數會同意那些條件。只承認一種婚姻樣板，認為所有婚姻都一樣的觀點是一種迷信。不同女人和不同男人結合在一起，給彼此的承諾不一樣，男人承諾的生活方式以及供養妻兒的方式也不同。這充分說明了，法律若沒有限制男人的自由天性，每一個具體的婚姻都會像其他任何一種契約或合約那樣與眾不同。

在不同時代、不同地方、不同環境，法律為婚姻這一重要契約提供的條件各不相同。

我在一本書上曾獲得這樣的資訊：由於戰爭使雅典公民減少，雅典共和國允許每個男人娶兩個妻子。詩人尤里比底斯碰巧娶了兩個聒噪的壞女人，她們的妒忌和爭吵使他飽受折磨，竟使他後來永遠的憎恨女人，並成了唯一永遠憎惡女性的劇作家。

人類和動物不一樣，人類運用自己的心智，按照具體的環境和情況調節婚姻法律。地方法就是對每一個人心智的補充，同時也約束人的自由天性，使個人利益服從於公共利益。

法律可能允許多妻制，如在東方國家；法律也可能允許自由離婚，如古希臘人和古羅馬人；法律也可能規定一個男人一生只能娶一個女人，如現代歐洲人。

有些人認為，擁護多妻制是使男性擺脫女性奴役的唯一對策，只有這樣才能重獲男性主宰權。也有人反駁說，男性的這種主宰權是一種篡奪，它摧毀了兩性間的親近關係，更破壞了大自然在兩性間的平等。

由於女人沒有自主的自由，所以像低賤的動物一樣被買賣，丈夫如同一個鄙俗的獲勝者，他發現了熄滅一切愛火的訣竅。而英國女士的著名美德，足以使她們不蒙受這個惡名，我們與女性的自由交往，比其他任何發明都更能使社會文雅精良、生機勃勃、臻於完美。

但亞洲人的風俗既毀滅了愛情，又毀滅了友誼。毀滅了愛情與友誼，世上還剩下什麼值得信賴的東西？

東方人這些制度的另一不可避免的後果，就是對兒童的教育，尤其是對貴族兒童的教育。在奴隸當中度過童年的人，其本人只配做奴隸或者暴君，在其未來的交往當中，無論對方身分是高於還是低於他們，他們都很容易忘記人類天生平等。

在另一個允許多妻制的國家，男人為了將妻子關在自己家中，會將妻子弄成跛子，使她們的腳失去用處。西班牙男人為了不使自己丟臉，不許其他男人對妻子產生非分之想。

例如，西班牙已故國王的母親，在當年前往馬德里時，路經一個以製造手套和長襪聞名的西班牙小鎮。小鎮的官員們認為，因為接待新王后感到榮幸的最佳方式，莫過於向她敬獻手套和長襪；但當小鎮官員獻上長襪的時候，隨行的內務官卻大為惱火，用力將它們扔到了一邊，並嚴厲地申斥了那些官員，說那些襪子是對王后最大的褻瀆。他說：要知道西班牙的王后是沒有腿的。當時，年輕的王后雖然聽懂了他的話，但並未徹底理解，加上她以前常對關於西班牙人嫉妒的故事感到恐懼，便以為西班牙人要砍掉她的雙腿。於是她大叫起來，央求人們將她送回德國，說她絕對忍受不了那個手術，眾人費了一番氣力才使她平靜下來。

在君士坦丁堡，在一個男人面前提到他的妻子，會被視為粗魯下流。誠然，有教養的歐洲人也將「不談妻子」當作一條座右銘，但其理由卻不是男人的嫉妒。我認為，倘若沒有這條規矩，我們便常會因過多談論妻子而使同伴生厭。對這條文雅的格言，《波斯人信札》的作者則另有一番解釋，他說：「男人永遠不介意在同伴中提到自己的妻子，不然的話，他們就會當著另一些人談論她們了，那些人比他們更熟悉自己的妻子。」

我們現在要考慮的是：否定多妻制，一個男人與一個女人婚配應以多長為期？是否應容許自由離婚？

對於兩顆天性就無法結合的心，還是分開為好，這樣做是為了讓彼此都找到適合自己的心。兩個人因為愛情而結合，現在卻只剩下仇恨，那在一起還有何意義？每天在婚姻的枷鎖上無止盡的爭吵、指責，只會增加更多的厭惡與反感。

治癒仇恨與家庭爭吵的最好辦法，便是離婚自由。男人的心唯有自由才會感到快樂，而一旦被束縛，它便會感到痛苦憂傷，若強行限制它，不讓它選擇，它的好惡馬上就會改變，而渴望也會轉為反感。倘若公共利益不允許我們透過多妻制去享受多樣的變化，至少，公共利益並未剝奪我們的這種自由，且它是不可或缺的。

以上是離婚者為自己的行為所做的陳述，但夫妻離婚後，對子女造成的影響卻非常重大。把孩子交給一個對他漠不關心的敵人是多麼的無知？使其子女陷入苦難又是多麼的無助？難道我們還能因無常的衝動增加離婚嗎？

人本身由眾多矛盾構成，這種成分以某種特定的方式行動。但這種矛盾並不總是互相破壞，某個成分可能在某個特定時機主導，而這是因為處在有利於它的環境。

例如，愛情是一種不安寧的急躁激情，充滿了奇思異想和無常變化：一個表情，一縷氣息，甚至毫無來由，皆可激起愛情，而愛情也會以同樣的方式突然熄滅，而這樣的激情需要自由超過一切。

和愛情相比，友誼則被理性所支配，被習慣所鞏固的穩定情感。友誼有長期的相處做保證，相互冷靜的義務做基石，而愛情則在嫉妒、擔憂、忽冷忽熱中成為折磨的地獄。我們不妨考慮一下：在婚姻中最具支配作用的，究竟是愛情還是友誼？如同在婚姻中最有利的，究竟是自由還是約束？

通常，在最幸福的婚姻裡，在雙方長期相處後，愛情已被加固成了友誼。凡夢想蜜月以後還存在狂喜與迷醉者，皆為傻瓜。將愛的激情置於冷漠、輕蔑和重重困難之下，使它持續十餘年，要比將它置於穩妥的擁有中，使它持續一星期更容易。

所以，我們不必害怕穩固誠摯、由友誼維繫的婚姻之結，因為它能使雙方的關係友好和睦；不過，倘若婚姻並不穩定，加固它便是最好的補救之計。若想兩人共度一生，雙方就必須盡量忘掉許多瑣碎的爭吵和嫌惡。

最後我要說明一點：雙方利益會對夫妻關係造成一定的影響。因為其他關係都不像夫妻關係那樣，雙方的全部利害得失都緊密地結合，也就不會像夫妻關係那樣危機四伏。

歷史學家戴歐尼修斯說：夫婦將雙方的利益不可分割地結合，而雙方都認為這種結合是不可避免的且必要，因而放棄了對其他選擇的追求，這種結合所造就的和諧實在是妙不可言。這段話充分說明了禁止離婚的好處。

在當今，禁止多妻制和離婚，實際上可以說是英明可取的做法。

論愛情與婚姻

男人若不是濫用他們的權威，女人也絕不會想盡各種辦法抗拒男人的權威，更不會熱衷於主宰男人。歷史告訴我們，暴君造就叛逆，叛逆者也易成為暴君。所以無論男人還是女人，都不要試圖去當主宰者，而要平等處理一切事情。

對於婚姻，女人常常有自己的見解，也許她們並沒有發現這些見解實際上是一種誤解，她們誤把大家對婚姻的諷刺當作對她們的諷刺。所以我想寫一篇諷刺婚姻的文章，而對女性來說，這樣的文章可能是弊多利少。

我要告訴女人，影響妳們心情的往往是一種主宰欲。在婚姻中女人往往想要主宰男人，實際上這正是讓雙方爭吵的根源。如果妳是個聰明的女人，就應該做一個讓男人滿意的女人。對此，歷史上就有不同尋常的例子：

據說，塞西亞的全體女人曾合謀反對男人，她們竭力嚴守這個祕密，使男人對她們的計謀毫無察覺。男人醉酒或入睡後，她們突然用鎖鏈將男人牢牢捆綁，然後召開了一個嚴肅的議事會議，與會者皆為女性。她們在會上爭論該用什麼辦法鞏固女人目前的優勢，防止女人再度陷入受奴役狀態。與會的女人似乎都不贊成殺掉所有男人，儘管她們以前都受過男人的傷害，她們這種寬宏大量乃是一種崇高的美德。

於是，她們後來一致決定挖去所有男人的眼睛，由此永遠不再會因男人看見自己的美貌，而心中湧起虛榮，以確保女性的權威。她們說：「我們不必再假意穿著打扮，四處招搖了，但唯有如此，我們才能擺脫男人的奴役。我們雖然再也聽不到溫柔的嘆息，但也再不會聽到對女人的蠻橫命令。愛神必會永遠離開我們，但他將帶走女人對男人的屈從。」

部分女人為了留住自己的愛神，甚至寧肯犧牲男人的部分感官使其變成殘廢，淪為附屬。在這一點上，女人比較願意讓男人失去聽覺，不願讓其失去視覺。

實際上婚姻生活中，失去聽覺造成的不便遠遠小於失去視覺。我認為，這是由於她們以為無論男人有無視覺，她們都一樣能主宰男人，有時女人在青春美貌衰退後，為了繼續擁有主宰權，紛紛效法姊妹的先例。

上面的故事來自塞西亞，我不知道蘇格蘭的女士是不是從那裡學到的辦法。她們在擇偶時常常挑選俊朗的男士，認為這樣做可以放鬆對配偶的管束。實際上這種做法非常粗鄙，因為她們是在前人的基礎上，將心靈的眼睛占據。

從另一方面講，男人若不是濫用他們的權威，女人也不會想盡辦法抗拒男人的權威，更不會熱衷於主宰男人。歷史告訴我們，暴君造就叛逆，叛逆者也容易成為暴君。所以無論男人還是女人，都不要試圖當主宰者，要平等處理一切事情。

柏拉圖對愛情與婚姻的看法是這樣：他將結合在一起的男人與女人稱為「陰陽人」。人類最初像今天這樣分為男性和女性，但人人都是兩種性別的混合體，其自身既是丈夫又是妻子，兩者融合為一個靈魂。這種結合無疑非常徹底，也產生了極大的和諧與幸福，乃至這些「陰陽人」因自己的繁盛而自高自大，並開始反叛眾神。

為了懲罰他們這種魯莽的蠢舉，朱比特想出的最好辦法，就是分開「陰陽人」身上的男性部分與女性部分，用最初無比完美的合成體，造出兩種不完整的靈魂，由此便出現了兩種截然不同的靈魂——男人和女人。

因此，這些剩下一半的靈魂，便不斷尋找被分離的另一半。但時常出現一種情況，他們在尋找另一半時，常將根本不是自己的一半錯當成自己的，而那兩個部分既不互相適合，更不能結為一體，正如我們在雙方爭吵中所見的那樣。在這種情況下，這個結合會迅速解體，使每個部分再度獲得自由，繼續尋找自己的另一半，不斷嘗試與見到的每個人結合，直到發現與其真正和諧的伴侶，這番努力才算大功告成。

朱比特將男性與女性分開，以如此嚴厲的手段撲滅了傲氣與野心後，不禁對這殘忍的報復感到懊悔，對那些可憐的靈魂心生憐憫，他們現在已經失去所有平靜與安寧了。為了糾正這種混亂，至少為了給處境悽慘孤獨的人類起碼的安慰，朱比特派遣愛神和婚姻之神來到人間，蒐集那些被分開的半個人，盡可能完整地將他們拼合。婚姻之神的主要顧問是「煩惱」，他不斷在人類的頭腦中填滿對未來的掛慮，例如：居所、家庭、子女和僕人，使他們拼合的那些伴侶幾乎無法想到其他事情。

另一方面，愛神選擇了「快樂」做寵臣。像「煩惱」一樣，「快樂」也是個有害的顧問，兩個寵臣很快就勢不兩立，各自以破壞對方的一切事情為主要活動。愛神剛剛將兩半黏合，「煩惱」便會帶著婚姻之神悄然而至，拆散愛神的結合體。

朱比特為了弄清事情的原由，將兩位神召到面前詢問。當他聽完解釋後，為了使人類真正得到幸福，朱比特便命令他們立即和解，並要求他們，無論要將哪半個人結合，都必須先與「煩惱」和「快樂」商議，得到一致贊同後再結合。

自從這個法令頒布後，各地都依法行事，「陰陽人」也被完整的組合，兩人之間的接縫幾乎無法察覺，而兩人的結合，造就出了完美而快樂的靈魂。

論自殺

人的生命同樣建立在支配其他生命的法則上，而這些法則又受制於物質和運動的普遍法則。既然人的生命永遠離不開物質與運動的普遍法則，那麼，人自行處置自己的生命便是有罪。

醫治迷信和偽宗教最好的方法，便是哲學。雖然哲學不能醫治所有的致命瘟病，但若哲學喚醒了強烈的正確情操，便可確定它能更有效的戰勝人性中常見的多數邪惡及缺陷。

西塞羅說：「在一切場合，在生活的每一件事情裡，迷信者都痛苦悲慘。」睡眠本來能排除不幸者的其他一切煩憂，迷信者卻會審視自己的夢，發現夜夢中的幻象，發現未來災禍的預兆。

而我要說的是「死亡」，實際上也是一種愚蠢的恐懼。當人類真正面對死亡的時候，都不願放棄上帝賜給他的生命，即使這生命很痛苦，於是人類將自己緊鎖在命運的十字架上。

對於痛苦的人來說，自殺或許是擺脫生活苦難的最好方法。但就在他們決定放棄生命的那一刻，如果有人阻止他們，之後就幾乎再沒有膽量自殺。

面對死亡，是一種極度的懼怕，因為死亡的出現會帶給我們新的痛苦和恐怖，在此我們不妨看一下古代哲學家對自殺的觀點。

實際上，自殺不是我們背棄對上帝的義務，也不該將自殺行為視為有罪而加以譴責。在宇宙萬物的一切運作中，天意並不直接顯現，而會透過那些不可變更的普遍法則去支配一切，那些法則自時間肇始便已確立。

人的生命同樣建立在支配生命的那些法則上，而這些法則又受制於物質和運動的普遍法則。如同一個人厭倦了生活痛苦與不幸纏身，但他若能勇敢的克服對死亡的天生恐懼，使自己離開悲慘境地。

既然人的生命永遠離不開物質與運動的普遍法則，那麼，人自行處置自己的生命便是有罪。

可是，這個說法也似乎很荒謬。所有動物在世上的行為，都要依靠牠們自己的智力和技能，在其能力所及範圍內，牠們完全有權改變大自然的一切運作。若不行使這個權力，牠們便難以生存。如果說擾亂、改變物質與運動的普遍法則，是在僭越上帝的特權，那麼，難道大自然賦予自己的合法權力都不能運用嗎？難道每個人連處置自己生命的自由權力都沒有嗎？

要證明這個觀點是錯誤的，我們必須表明：人為何無權處置自己的生命。處置人類生命若是全能上帝的特權，那麼，人擅自處置自己的生命便是對上帝特權的僭越，而保存人的生命也如同終結生命一樣有罪。

設想人的智慧能夠合法地處置自己的生命，生命卻有賴於如此微不足道的原因得以存在，這難道不荒唐嗎？

我感謝上帝給予我生命，讓我能享受許多美好的事情；但人生可能是不幸的，面對無法忍受的痛苦的人生，我怎會願意被延長生命呢？

祢要我無論遇到什麼災難都順從天意，但這種順從並不排除人的技能和努力；而只要可能，我便可以憑藉智慧逃避災難，我為何不能用這種方式自救？

造物主給予所有生物力量和能力，同樣，宇宙中的一系列事變也是上帝的工作。無論哪個要素居於主導，我們都可以根據我們被賦予智慧與能力這一條理由，因為它就是上帝認同的證明。即使對痛苦的恐懼壓倒了對生命的熱愛，即使自願的行動戰勝了盲目的動機，那也是上帝賦予其造物力量的結果。

古羅馬人、法國人、歐洲人都有各自的迷信，認為某種做法是對上帝的褻瀆。但我要說，在我們生活中有許多活動，都是在用自己的智力和體力在革新大自然。

你被上帝放在了一個崗位上，猶如一名哨兵；你若未蒙上帝召喚便逃離崗位，便是有罪，因為你反抗全能的主宰並使他不悅。倘若如此，我的死即便是出於自願，也都未經上帝許可。而每當痛苦和悲哀大大超過了我的忍耐，讓我厭倦生命，我都會認為，上帝正在用最清晰明確的語言，將我從崗位上召回。

誠然，上帝將我放在某個位置上；不過在我認為適宜的時候，我是否能離開這裡，不蒙受擅離崗位之惡名？箇中差別，並不比我置身書房或屋外的差別更大。前者的變化雖然比後者更大，但對宇宙來說卻沒有那麼重要。

那麼，上帝對那些擾亂世界秩序、褻瀆祂的人，又會如何表現？當我們違背上帝時，祂往往透過某種原則，喚起我們的懊悔與自責，當我們看到別人違背祂時，那些原則也會使我們想要譴責。那麼自殺是否違背了祂?自殺這種行為是否有罪?是否背棄了我們對鄰人、對社會的義務。

一個人做了對社會有益的事能增進社會利益,倘若這個人放棄了自己的生命,對社會也沒什麼損害,即使自殺造成某種傷害,也是微小的傷害而已。

和擁有健康、權力或威望者相比,那些無力增進公眾利益,或自己本身的存在已經對社會造成一定負擔的人,放棄自己的生命必定無罪,而且值得稱讚。

佛羅倫斯名人斯特羅齊,為了公眾利益參與了一個密謀,同時為了維護這個密謀而結束了自己的生命,這對社會不是有益的嗎?倘若一個罪犯因違反法律迎來了死亡,這雖然僭越了天意,難道你能說他的死對社會有罪嗎?

當一個人選擇自殺後我們常常認為,他是為了自己的利益與責任,而放棄生命。可我相信,這個人若非無可救藥的墮落或沮喪心緒的詛咒,不會選擇自殺,只要生命尚有價值任何人,都不會輕易捨棄。

若說自殺有罪,那麼,唯有怯懦才會迫使我們自殺;若說自殺無罪,那麼當生命成為重負的時候,智慧與勇氣會鼓勵我們立即了斷生命。唯有如此才能對社會有益,因為我們樹立了一個榜樣，倘若眾人仿效它，那麼既能為每個人保留幸福的機會，也能使每個人有效地自願擺脫一切苦難。

論靈魂不朽

靈魂若是不朽，它在我們出生前便已存在；若出生前的狀態與我們毫不相干，那麼死後的狀態也與我們毫無瓜葛。

什麼是靈魂不朽?靈魂不朽的觀點常是形而上學的話題，也是道德和哲學的話題。

從現實的角度來看，福音書是我們認識生命、靈魂不朽法寶。形而上學認為靈魂無形，不是一種物質實體，而實體包括了可認知、不可認知的東西。

從根本上講，物質與精神都是未知，我們不知它們之間還包括哪些性質。形而上學還告訴我們，唯有經驗才能讓我們判斷因果。那麼我們便有理由藉助類比，得出一個結論：大自然使用精神實體的方式，與它使用另一種實體——物質的方式完全一樣。若說靈魂是非物質，那麼，非物質實體也會像物質實體一樣，失去對經驗的部分記憶或意識。

根據自然的一般進程推斷，不假設其中介入任何新的終極原因，沒有毀滅必是沒有誕生。因此，靈魂若是不朽，它在我們出生前便已存在；若出生前的狀態與我們毫不相干，那麼死後的狀態也與我們毫無瓜葛。

從道德方面講，人們常常認為：「上帝的正義」涉及最終的懲惡揚善。

無論上帝做了什麼，我們都確信祂的合理性，這是十分可靠的做法；然而，認為上帝永遠合理，這卻非常危險。因為有多少實例都已證明，這種推論無法說明現在的世界！

若說還有比現實生命更重大的另一幕等待著我們，那麼，究竟天性中是哪種殘忍、不公不義的東西，使我們只能關心、認識現世生命？我們善良智慧的靈魂，難道應當受到如此粗暴的欺騙嗎？

在大自然中，任務與完成任務之間的比例，往往都協調的合情合理。理性區隔了人與動物，那麼人受制於自然的東西，也與動物界有所不同。

按照靈魂必死的理論，很容易就能找出女人才能較差的原因，因為家庭生活並不要求她們具備更高級的身心能力；但按照宗教的理論，這種說法便不能成立，且變得毫無意義。既然兩性擔負著同樣的任務，智力與決心應當都相同，也應比當前強大許多。

世間發生的每件事都由上帝注定，任何事物都不是他懲罰或報復的對象。毫無正當理由的懲罰，不符合我們對善與正義的認識，因為收場之後，懲罰無法達到任何目的。亞歷山大因人們奪走了他心愛的戰馬布賽佛勒斯，便想殺絕整個民族，這在我們看來是多麼失控。懲罰輕重應與罪錯大小相應，為什麼要讓人們受到永久的懲罰？

上帝在給予人生命的同時，便有好人與惡人，罪惡與美德兩極。

事實上，被看作道德特性的東西，只適用在人類的情操，而如果我們真正懂這一點就好了。

一個沒有遭遇過挑釁的人，或一個天性善良的人，怎會僅僅出於譴責之情，甚至只是因為熱衷於那些普通、合法、輕率的處罰，而去懲治犯罪？法官和陪審團為何心硬如鋼，不顧人類情操，而只考慮必要性與公眾利益？

人類常常用道德觀思考社會的利益。這些利益可能是短暫、瑣碎的，那為什麼要用永恆、無限的懲罰去捍衛它？

對宇宙來說，若對一個人施予永恆的懲罰，罪孽非常深重。

大自然使人類在幼年期特別脆弱，並且注定會死亡，這就像在故意否定「等死」的概念；然而半數人類在死亡當下，仍尚未能擁有理性的靈魂。

哲學的見解是：根據自然界的現象，靈魂必死。從某種角度上講，我們必須承認這些見解。

根據類比的全部法則，我們得出這樣的結論：倘若兩個對象密切相關，前者若發生了巨大的變化並徹底滅跡，後者必會隨之徹底銷毀。

睡眠對身體的影響很小，但它伴隨著思維的暫時滅跡。

嬰兒脆弱的身體，精確地對應著脆弱的心志。成年後精力充沛、患病時身心紊亂、年邁時漸漸衰朽，而下一步則無法避免，就是滅跡於死亡。

頭腦表現出的最後徵兆是混亂、虛弱、冷漠和愚蠢，這些都是思維滅絕的前兆。出於同樣的原因，在進一步過程中加劇了同樣的結果，最終會使思維滅絕。

一種巨變會引起整體滅絕嗎？根據自然現象判斷，所有靈魂若被轉移到與最初環境完全不同的生存條件，所有形式便都無法存在，而在生活中最常見的例證有：樹到水中會死，魚到空氣中會死，動物到土中會死，連氣候的微小變化也往往非常致命。既然如此我們有何理由認為，一種巨變不會使整體滅絕？

一器官的生存必定依賴於另一類器官的生存，像靈魂的器官和實體的器官一樣。在同類學說當中，哲學只注意到「靈魂轉世說」，可實際上動物與人的靈魂非常相似。既然人們能承認動物的靈魂必死，那麼又如何看待人的靈魂？

世界本表現出了一種危弱和消解的徵象，任何生命都那麼不穩固，都不斷的活動變化。因此，設想一種形式來自最微不足道的原因，看似最為脆弱、最受無序狀態的影響，我們卻認為它是不朽不滅，這與自然界的類似現象是何等矛盾？這是個多麼大膽的理論！人們甚至那麼輕率地接受了這個理論！

讓宗教理論困惑的是：如何安置無數死後依然存在的人。我們可以盡情設想：每個恆星系裡的每一顆行星都居住著有智慧的凡人。因為我們無法證實其他假設，因此必須在現存宇宙之外，為一代代人創造一個新的宇宙。或者，必須在最初就創造出一個無比廣闊的所在，以容納源源不斷的人類洪流。如此大膽的假設難道該被哲學接受嗎？這些假設只是以絕不可能發生的事情為藉口。

普林尼說：「我們在肉體形成前沒有感覺，這似乎能夠自然地說明我們肉身解體後的狀態。」

倘若對死亡的恐懼是我們與生俱來的激情，而並非來自我們對幸福的普遍熱愛，這種激情倒是能夠證明靈魂必死。這是因為，自然女神所做的一切均有目的，她絕不會使我們對不可能發生的事心懷恐懼，但她會使我們對不可避免之事心懷恐懼，而我們只能竭盡全力推遲它的到來。

人終有一死，但倘若大自然沒有促使我們厭惡死亡，人類便不能生存。

顯而易見的是，我們激情所偏愛的一切學說，都能產生希望與恐懼，同時也應受到質疑。

對於多數人而言，哲學是神祕的，能夠理解和相信哲學的人，必須具備邏輯，使頭腦具備新機能，唯有如此才能領悟哲學邏輯。

在所有辯論中，我們要如何證明那種狀態？誰都不曾見過靈魂的狀態，誰都不能領悟上帝對人類的恩惠，因為除了上帝自己、任何人都無法確定這個偉大真理的存在。

第三章　商業繁榮與國家強盛

休謨在著作中寫道：「一般公認，國家的昌盛、百姓的幸福，都與商業有著密不可分的關係。而且，只要私人經商和私有財產得到社會權力機構的保障，社會本身就會隨著私人商業的繁榮發達而強盛。」在休謨看來，人們的一切經濟行為都是以利益為樞紐，必須遵循一定的規則運行。正義規則便是國民經濟的基礎，確立穩定的私有財產權，既是法律規則，也是經濟規則，如此，才能促進商業繁榮和國家強盛。

休謨時期的古典經濟學

英國古典經濟學是置身於政治制度和社會結構中，認識整個經濟社會。因此，古典經濟學不可能僅僅談論經濟事務、國民財富如何增長、利益如何分配、貨幣如何平衡，而是要對國家這個「政治動物」給予政治上的「解剖」，探討政體與經濟繁榮的關係等等。

西方經濟學的誕生與發展，是一個漫長而複雜的過程。自古希臘羅馬時期，經濟學的初步思想便已產生，不過所涉及的內容非常有限，僅局限於家庭事務管理方面，也並未取得區別於其他學科的獨立地位。甚至即使後來色諾芬的《經濟論》、柏拉圖的《理想國》、亞里斯多德的《政治學》等的出現後，也並未改變這一局面，雖然他們在著作中都發表過關於分工、物品交換、貨幣、利息、稅收等「純」經濟學概念，但在當時的思想家眼中，經濟學依然是作為一個從屬於政治、治理城邦的重要概念而被加以研究。

西方經濟學成為一門獨立學科，是在十七、十八世紀，以休謨故鄉蘇格蘭歷史學派的英國古典政治經濟學為代表。但在此必須指出：諸多思想史學家一致認為，十八世紀英國的古典經濟學，根本來上說並不是純正的經濟學，而是政治經濟學。在這個前提下，我們便不難發現：休謨的經濟思想與他的政治哲學，有著千絲萬縷的關聯。

休謨關於經濟方面的觀點，摻雜在政治理論中。即便是下面我們要論及的純粹經濟論，如〈論商業〉、〈論貨幣〉、〈論利息〉等，也是在《政治論叢》一書中問世。休謨在《人性論》的〈引論〉中有關人性學的四門學科，並沒有經濟學，顯然是被包含在「研究在社會裡結合並互相依存的人類」的「政治學」之內，故後人整理他的書稿時，也多將經濟學方面的書稿置於政治論中。

為什麼經濟學會作為政治學的統轄部分出現？這種情況並不是偶然，乃因於英國古典經濟學的特殊性。

英國的古典經濟學是一獨特的經濟體系，它既不同於希臘的家政學，也不同於當時流行的一般經濟學。它對於經濟的看法超越了先前孤立的研究方法，涉及到社會的經濟過程、生產、交換以及財富本質等，基本的經濟學問題。

特別是蘇格蘭歷史學派，將「經濟」放在社會政治的廣闊背景下加以研究，「政治社會」成為了「經濟學」的出發點，從廣闊的政治社會現實背景以及歷史的動態演變中，考察一個社會的經濟過程和財富本質。

在此種經濟學體系的影響下，當時的英國思想家們如休謨、亞當史密斯等，就把社會相關的政治法律制度視為他們理論中的核心內容，經濟事務則處於相對次要的地位。

那麼，這是否意味著，英國的古典經濟學並沒有真正從政治學中獨立出來？又是否代表，英國的古典經濟學與政治關係的問題，並沒有比希臘的經濟理論優秀？作為一門獨立的經濟學，究竟價值在哪裡？

英國古典經濟學是置身於政治制度和社會結構中，認識整個經濟社會。因此，古典經濟學不可能僅僅談論經濟事務、國民財富如何增長、利益如何分配、貨幣如何平衡，而是要對國家這個「政治動物」給予政治上的「解剖」，例如探討政體與經濟繁榮的關係、研究國民財富的性質和原因等等。

所以，英國的古典政治經濟學對於經濟的考究，擁有一個政治哲學的視野。從這個意義上說，古典經濟學之所以稱之為政治經濟學，而不是後來的狹義經濟學，並不單純是詞語上的變化，或局部內容的不同，而是涉及對經濟學實質性的認識。

其實，十八世紀經濟學家所建立的這個全新獨特的經濟學，客觀上說，也是由當時的社會環境所決定。

眾所周知：歐洲社會自十六世紀起，便進入一個近代資本主義蓬勃發展的黃金時代。隨之而來，便是新興的市民階級迫切需要自己的經濟理論，以此表達他們對於國民財富、商品貿易、自由經濟和國家財政的主張。

這就要求經濟學家從狹隘的、對於經濟行為的抽象考察中抽離，站在一個宏觀的政治、法律的制度層面上，以一種新的政治哲學為基礎，對新市民社會的經濟活動給予一種全新的解釋。

正是在這種時代主題的引導下，以洛克、休謨、亞當史密斯為代表的英國古典經濟學，開闢了新的經濟學路徑，他們研究的是整個經濟社會，除了各自建立一整套政治哲學的基本原則外，更關注經濟事務本身的分析。隨著逐漸深入的理論研究，英國古典經濟學很快達到了一個前所未有的高度，而其中，亞當史密斯的《國富論》是代表性的著作。

與亞當史密斯一樣，休謨也是一位經濟學家，雖然他在經濟學中的地位並不怎麼顯赫，但他在經濟學方面的一些觀點，仍具有非凡的意義。他提出了一種探究經濟事務的方法，或者說，休謨透過他的論述，建立起一種能分析市民社會經濟活動的政治哲學。毋庸置疑，休謨是那個時代真正的政治經濟學家。

正如十八世紀末英國經濟學家英格瑞姆所言，休謨的重要貢獻在於：「他把經濟事實置入社會和政治重大利益的關聯中，他開闢了將歷史精神導入這些事實的研究路徑。」

休謨在他的《人性論》和其他一系列有關經濟方面的論述中，隱含著一個經濟哲學的方法論，或者說提供了一種考察他所謂「經濟社會」的政治哲學理論，這一點是他作為經濟學家最重要的部分，但也往往被人們忽視。

對於休謨來說，「社會」具有著非常廣泛的含義，人們在生活中為實現各自的目標，需要與他人發生關聯，而正是透過社會，人才能夠達到各種目標：教育、安全和經濟利益。

在休謨的思想中，社會首先指的是我們所謂的「經濟系統」或「經濟秩序」。當經濟獲得了政府或國家的保護與支持，經濟秩序與政府的結合構成了「市民社會」或「政治社會」。

因此，我們對於休謨的經濟學理論，應該放在市民社會的經濟秩序、正義制度的背景下考察。

休謨的經濟學，首先提出了一種理解國民經濟的方法，這種方法構成了英國古典經濟學的理論基礎：如何看待社會，特別是經濟社會與政治社會的交互關係；如何看待經濟活動，特別是商品貿易、貨幣流通、薪水、利潤、利息等在經濟活動中的作用與地位；如何看待人的慾望與滿足、看待個人利益與公共利益、看待商品與市場經濟秩序、看待關稅額度、銀行信用和政府財政等等。這些問題都與休謨的政治哲學基本原則相關，都涉及古典經濟學。

顯然，休謨對於這些經濟學問題的思考，並不是為了得出一些純經濟學的結論，而是基於他所處的社會狀況，就人們關心的經濟問題提出回應。在他看來，這些都是他社會政治理論中重要的組成，都是對當時英國發展的市民社會制度建設的解答。

誠如他所言：「普遍性原理，不論看起來多麼錯綜複雜，只要立論精當，言之成理，必然在事物發展的趨勢中流傳不衰，然而仍有個別場合下不起作用的可能性；而密切關注事物發展的趨勢，正是哲學家的天職。」

總之，休謨作為一個經濟學家，在其為數不多的經濟理論中，主要涉及的方面有商業、貨幣、利息、貿易平衡、賦稅，乃至人口密度、社會信用等。這些經濟理論，都是休謨政治經濟學中不可或缺的部分。

論商業

土地產出的剩餘產物，可以用於滿足製造商品及繁榮文化的從業人員，也可以使部分農業人口脫離耕作，從事其他的行業。所以可以這樣說：任何國家使用超出維持基本生活的產品越多，就越強盛，因為從事這種勞動的人能極易轉入社會勞務。

一般公認，國家的昌盛、百姓的幸福，都與商業有著密不可分的關係。而且，只要私人經商和私有財產得到社會權力機構的保障，社會本身就會隨著私人商業的繁榮發達而強盛。

在絕大多數情況這個準則都是正確的，然而我也必須承認：這個準則也有例外。在某些時候，商業貿易、財富貨幣以及對追求奢華生活，不但無法增強社會的經濟力量，反而會對國家的軍事力量不利，國家聲譽也會逐漸走低。

這是有目共睹的後果。像這種不同的看法，其實也不難理解，畢竟人類的本性總是善變，極易被各種觀點、準則、原理所左右。信奉這種思想時認為正確，信奉另一種思想則會認為是錯誤。

原始人以狩獵為生，而一旦他們結束了這種原始的生活方式，就會分化成兩類人：農民和工匠。農民以耕作土地為業，生產農牧產品；工匠以加工製作為業，以農民產出的產品為原料，加工成各種人類生活的物品。在農業取代狩獵的初期，從事耕種的社會成員是社會中的主要人口。

但隨著農業技術的不斷發展，只要一部分人耕作土地，生產出的農牧產品便能滿足整個社會需求。於是以耕作為生的人中，便產生了多餘的勞力。

這批多餘的勞力可以做些什麼？讓他們從事被稱為奢侈藝術的精巧手工藝生產嗎？這類工作能給人們的生活增添樂趣，然而他們還能做別的嗎？

當然。君主會提出要求：以這些勞力擴充軍隊，好增加領地，揚立國威；同時，再用土地生產出的富餘產品，供養他們。這樣一來，矛盾便產生了：國家的強盛好像與人民的幸福對立。為了君主自己的安逸舒適，要求將這些勞力為自己服務，而君主若要施展雄才大略，必然要侵犯個人的安逸舒適。

以上這種言論並非不切實際。事實上，縱覽整個古代史，招募供養龐大軍隊的小城邦隨處可見。

據史料記載：在早期，僅羅馬一城，就在其小小的領土上招募兵卒，供養著十個軍團以對付古拉丁人。而整個版圖不大於英國約克郡的雅典，卻派出一支四萬人左右的大軍遠征西西里。像這種窮兵黷武，只考慮自己利益，並以國民幸福為代價來供養大規模軍隊的君主，難以得到人們的支持和擁護。

在烽煙不息、大戰迭起的時代，酷愛自由必然產生共和精神，特別是在小的城邦國家裡；而每當社會長期處於戒備狀態中，人們時刻聽命於徵召，準備為保衛祖國而赴湯蹈火時，這種共和精神、對祖國的愛必然有增無減。雖然對於好戰的人民來說，他們之所以需要貿易和手工業，也許只是為了增強社會實力。

製造業和機械技術的落後，會使更多人從事農業。生產技術和生產的積極性，與農業的產量密切相關，兩者成正比，如果農民因社會所迫從事社會勞務，其生產效率就會下降，最終無法提供剩餘產物。這樣的後果就是，軍隊只能倉促出征、暴力征服，或因供給匱乏而解散，沒有其他路走。

眾所周知，世上所有東西都要靠勞動購買，這也正是慾望是勞動唯一動機的原因。一個國家工業的發達，機械技術的進步會推動農業發展，因為這能使農民將產出的剩餘物交換到使生活更加舒適享受的產品。農民們會覺得，自己勞動所得的剩餘物大有用處，所以就盡可能的提高土地的產出。這樣，土地就發揮了最大的作用，除了耕種者自身的需要，還提供了盡可能多的生產剩餘。

土地產出的剩餘產物，可以用於滿足製造商品及繁榮文化的從業人員，也可以使部分農業人口脫離耕作，從事其他的行業。所以可以這樣說：任何國家使用超出維持基本生活的產品越多，就越強盛，因為從事這種勞動的人能極易轉入社會勞務。

一個沒有製造業的國家，儘管勞力的數量可能相等，產品的數量卻不會相等，種類也不一樣。因為這個國家的全部勞動都用於維持基本生活，不容有絲毫減少。

透過貿易和製造業的論述，我們不難發現：君主的強大和國民的幸福緊密的相關。君主強迫農民生產超出自身需求的剩餘品，是一種殘暴而無效的辦法；若把製造品和商品提供給農民，他們就會十分樂意朝這個目標努力。即使此時君主再徵收農民一部分的剩餘產品，用在社會勞務上，也不是件困難的事。

所以對君主來說，為了國泰民安，糧食、布匹和武器儲備，在任何時候都應有足夠的庫存。

其實，這種貿易和工業產品的庫存，本質上是勞動的庫存。這種勞動庫存，在國家安定時能滿足人們安逸舒適的需求，在國家危急時能轉化為社會之急需，其重要性不言而喻。

海外貿易的好處和重要性，也是如此。

對外貿易能夠增加國家的產品儲備，君主可以從中把他認為必需的份額轉用於社會勞務。透過進口為製造產品提供原料，出口則能以本國過剩的商品，交易所需的產品。

總之，一個大量進出口的國家，比起自給自足的國家，工業必然更加發達，衣食住行各方面就更講究，這樣的國家既富足又強盛。就個人來說，這些商品滿足了他的各種慾望；就整個社會來說，也獲得了利益，憑藉這種辦法，有了更多的勞動（產品）儲備，以應緊急之需。也就是說，一大批勞力隨時可轉入社會勞務，而又不剝奪其生活必需品。

由此可見，海外貿易既能使臣民富裕幸福，又能使國力強盛。

今日英國大大優越於其他國家之處，就在於這些方面；當然，作為海外貿易不利的一面，英國人也體驗到農產品價格過高的問題，而這種境況與英國工匠的富裕以及貨幣充足有很大的關係。

法國、義大利和西班牙，的確都是物產富饒、氣候宜人的國家。但在某種程度上說，這與其人民生活的貧困有推脫不了的關係　，而這並非無稽之談。

在這些地理條件優越的國家，農事對農民來說輕而易舉，稍微勞作就可溫飽，地主從來不為租約擔心。在這種情形下，容易滿足的農民自然用拙劣的耕作方法來打點他們的土地。

而在英國，耕作土地要花更大的代價，稍有不善便會欠收。因此，英國農民必須有優良的農具和較長的租約，才能產生相應的收益。人們的收益必須與付出的代價、風險相稱。當大量佃農、自耕農這樣的勞苦大眾生活赤貧時，不論這個國家是君主還是共和政體，其他一切人必定要分擔他們的困苦。

論貨幣

貨幣一多，百物騰貴，這是傳統商業的一種不利現象；相對而言，較窮的國家卻可以在國際市場上出售低於富裕國家價格的商品，這樣就限制了傳統商業國家的國際活動。

什麼是貨幣？所謂「貨幣」，即人們約定用來便於商品交換的工具。

倘若單從一個國家自身考慮，那貨幣量的多少並不重要，因為商品的價格總是與貨幣量成正比。

唯有社會才能從貨幣的增加獲得益處，而且那也僅僅指與他國交涉、戰爭的情況下。

正是由於以上原因，所有富強和貿易國家，都招募貧窮國家的兵卒。如果招募本國公民，就不便聚積更多的財富，因為支付給被招募者的薪水，必須按社會的富裕程度成比例地提高。

換言之，倘若在國內招募一個兩萬人的軍隊，在國外同樣的費用就能招募一個四萬人的軍隊，其中利弊非常清晰。

事實上，一個國家貨幣增加，用途卻極其有限，甚至會造成對外貿易的損失。

人類商業貿易中，有一種奇妙的機緣，可控制貿易和財富增長，以避免某一民族獨占貿易之利。由於經營和技術上的優勢，以及實力雄厚等原因，一個國家如果在貿易上對另一國家占優勢，那麼後者就難以收復失去的地盤。可是在沒有大規模商業和金銀不多的國家裡，勞力的價格低廉，製造商們不斷輾轉遷徙，只要哪裡有廉價的食物和勞力，他們就前往哪裡，直到他們使這些地方也變得富庶，然後又開始了新的轉移。

眾所周知：貨幣一多，百物騰貴，這是傳統商業的一種不利現象；相對而言，較窮的國家卻可以在國際市場上出售低於富裕國家價格的商品，這樣就限制了傳統商業國家的國際活動。

隨著貿易和貨幣的增加，食物和勞力的價格必然提高；然而牽一髮動全身，其結果也帶來很多不便。與此同時，我們也得到了貴重金屬，加強了國家對外戰爭、交涉的實力。

但得不償失。因為在支付結算上，外商拒絕接受，並且若國內有任何動亂，它都會貶為一文不值。

如果設想讓國有公司享有紙幣信用的好處，私人銀行就不會乘機大肆活動；如果人為擴大這種信用，不會對任何貿易國有利，甚至會蒙受不利。

綜上所述，只有銀行打破目前的執行慣例，把現金鎖起來避免增加流通貨幣，這樣才能切斷私人銀行家和貨幣經紀人的買賣，但得承擔薪水責任。

我提出兩點關於紙幣信用的問題，作為這篇貨幣論的結語。

顯而易見，貨幣是一種代表商品和勞動的象徵，也是一種評價勞動和商品的方法。大量的貨幣就像羅馬數字一樣，反而不方便，無論保管或搬運都更加麻煩。自從美洲發現了金銀礦，不光礦主，歐洲各國的生產情緒都普遍高漲，貨幣輸入激增的各國都面貌一新；各行各業朝氣蓬勃，商人雄心勃勃，製造業者更兢兢業業，連農民扶犁也手腳輕捷特別用心。

對於貨幣大量增加對本國的影響，即會抬高商品價格，很難說有利還是有弊；也就是說，貨幣增加會帶動各種勞動產品的漲價。

金銀增加，商品價格必然騰貴，這個變化循序漸進，直到所有商品與國內新的貨幣量達成比例。任何數量的金銀輸入一個國家，一開始只被禁錮在少數人的保險箱裡，而立刻會有少數人設法利用這些金銀來牟利。製造商和商人，可以僱傭較多的工人，因為他們肯出較高的薪水。

貨幣在提高勞動價格之前，必然先刺激每個人的勤勉心，包括工匠與農民。

綜上所述：貨幣數量多寡，對於一個國家經濟的健康發展無關緊要。只要當局採用這種增長趨勢，就能激發國內的生產積極性，增加實力和財富。國家的貨幣減少，確實比貨幣雖不多卻在上升的國家貧弱，貨幣不論是貶是漲，都不能立刻引起價格的變化。在一個新局面出現前，國家的金銀減少會挫傷生產的積極性。

歐洲部分地區，曾經歷過貨幣奇缺的狀況，君主只能收取實物代替少量的賦稅，這樣的國家顯然無法供養一支陸軍。

帝國時代的奧地利，人口繁盛、農業發達、幅員遼闊，可是在歐洲諸國的力量對比中，不具備與之相稱的份量，就是由於缺少貨幣。

前面我們已經陳述了金銀數量多寡的無關緊要，但與這段論述仍有關係。對於這種困惑，我認為歸因於貨幣稀少，追根溯源來自人們的習慣，把額外的影響錯誤地認為是原因，所以需要將推理與經驗協調後，推敲出真正的原因。

任何事物都是此消彼長，一方的變動都能引起價格的起伏，因為所有東西的價格都取決於商品與貨幣的比例。

顯而易見，價格取決於進入，或可能進入市場的商品的絕對數量，以及流通中貨幣的絕對數量。如果把商品堆在倉庫裡，貨幣和商品永不相遇，那麼就永不互相影響。而對於農民預留種子以及自給自足的部分，絕不可以估算在內，只允許剩餘的部分，依需求決定其價值。

在任何國家最初的啟蒙時期，人們只想到自己的本能需要，滿足於自給自足，當人民沒有意識到國家社會的需要時，根本就不需要交換貨幣。農民用所養的羊的羊毛，自己紡線，請鄰近的織匠加工後，就能滿足服飾之需，那位織匠則會得到穀物或羊毛的報酬。其餘的部分，也許拿到附近的市鎮出售，換成貨幣，以此獲得少量的物品，供其享用。

而隨著社會發展、生產進步、人類文明不斷提升，各種商業便應運而生，農民往往到別的地區購買自己所需的商品，而非帶著自己的產品去和提供所需的商人交易，對於他們來說，只有使用錢幣交易最方便。在這種社會情勢下，貨幣就迎合大眾需要進入契約，用途比先前更加廣泛。

貨幣在昇平繁榮年代流通，比之蒙昧野蠻的時代，一切物品必定便宜許多。正是由於流通中貨幣與市場上商品的比例決定著物價，以前自給自足的消費方式、貨品絕不會進入市場。就這點而言，這些貨物幾乎等於零，因此，貨物的用途降低了商品總量的比例，提高了價格。

但當貨幣成為交換手段後，國內的現金雖然數量未變，流通的領域卻擴大了；這情景就降低了貨幣量的比例，從而使一切物品變得便宜，價格也逐漸下跌。

全歐洲最精確的估算：自西印度群島被發現以來，歐洲所有物品的價格僅上升兩倍到三倍。沒有更好的例子能說明，為什麼一切物品的價格，除了那些由於風俗習慣改變、時興的物品外，沒有上漲到異常昂貴。

另外，在人類文明進入手工業和工業的時代，不僅商品量有所增加，商場上的同類商品也增多。儘管商品的增加同貨幣的增加一直不相等，但是收益可觀，從而保持了硬幣與商品之間的比例接近古代經濟水準。

我認為，考究的生活方式有利於整個社會，從政治角度來看也是如此，最好將它當作鼓勵工商業的附帶條件。

在商品進入流通領域前，君主想要積聚貨幣，完全靠各個封邑城鎮，因為貨幣只在那些地方流通；但是，這些地區提供的金銀不足以在全國流通。社會貧困，君主收入的貨幣不但數量較少，消費起來也不如在安居樂業、貿易發達的時代那樣值錢。假定金銀量相同，而一切物品較貴，那是由於進入市場的商品較少，貨幣總量的比例大於待售的貨物量，從而決定了一切物品的價格。

曾有人說過：無論國家多麼富足、文明，只要貨幣流通不暢，國勢就會日漸衰弱。

追問原因，只有人和物才是真正的社會力量。

而簡樸的生活方式會給社會造成損害，把金銀禁錮在少數人手裡，妨礙了金銀的普遍流通；相反，勤勉和講究卻使金銀在全國擴散，使它進入每一項交易。當一切物品價格因此下降時，君主就能獲得雙重好處，可以向全國各地徵稅獲得錢幣，同時所收入的錢幣可以在支付中發揮更大的效用。

根據物價的對比我們可以推測：中國現有的錢幣並不比三百年前的歐洲多。眾所周知，三百年前歐洲和中國現在的錢幣數量相差並不是很大，可是實力卻相差巨大。貴重金屬的絕對數量是無關緊要的問題，重要的是貴重金屬的逐漸增多，以及在全國各地的徹底流通。

綜上所述，我們應該認清貨幣流動帶來的現象，以及由此帶來的附帶結果，而不應把伴隨現象當作原因，並且把結果歸屬於貨幣的增加。這種結果其實是人們風俗習慣的改變所引起，需要更進一步的推敲。

論利息

供給的增多必然使價格降低，使放貸人接受低利息。這種考慮迫使許多人寧願把他們的資本留在商業中，滿足於低利潤，而不願把他們的貨幣按更低的利息貸放。

低利息被公認為是一個國家繁榮狀態的最可靠代表；不過在我看來，低利息一般都歸究於貨幣量的增加。

因為不論貨幣怎麼增加，除了使勞動（產品）價格上升（如貨幣量一旦確定下來）外，絕不會產生別的影響。銀幣比金幣價值低，所以出售同量的商品所獲得的銀幣量比金幣多。

貴重金屬的數量變化並不是最重要，因為怎麼增加也只是使勞動和商品價格上升，而沒有其他的影響。在這種變化過程中，金銀影響很少，但是按新的增加而固定價格，基本上也就沒有什麼影響。

結果和原因總是形影不離，金銀可能增加的比較多，但利息下降到可能還沒有原來的一半。由此可見，利率並不取決於貴重金屬數量的增減。

事實上，貨幣價格大體上是固定，與一個國家貨幣數量多寡沒有直接關係。即便數量十分巨大，但貨幣量一旦固定，結果也只是使每個人在購買生活所需的衣服、家具或其他用具時，支付出更多金幣。

這些金屬貨幣基本上被當作代表物，數量多寡以及重量、顏色如何，都不會使貨幣的真實價值或利息有任何改變。同樣的利息在任何情況下，都保持著與本金相應的比例。所以，無論是金幣或是盎司，其數量都不與利息的漲跌有關。

形成高利息有三個主要因素：一、借貸數量大；二、滿足需求的財富少；三、是經商的利潤較高。這三個方面，正是歷年商業和工業不夠發達的表現，而不是缺乏金銀的證明。

相對而言，低利息則起因於三個相反的方面：一、借貸需求小；二、滿足這種需求的財富多；三、經商的利潤低。這三個方面的緊密相連，是因為工商業的發展，而非金銀量的增加所造成。我們將致力證明這些論點，並從借貸需求大小的因果關係談起。

脫離原始社會的民族，由於人口數量爆增，必然帶來財富不均的現象。有的人占有大片土地，有的人卻沒有自己耕種的土地，只能靠僱主支付的產品維持生計，這樣就形成了土地收益。

在這些土地所有者中，有的樂於儲存自己土地的產物，備將來之需，有的卻情願把可供若干年用的產物馬上消費掉。由於有固定的收入可供花費，土地所有者也就成了所有者追求的目標。

但是，在只有土地收益而又不知節儉的情況下，借錢的人必然增多，利率也有相應的變化。這種變化並不取決於貨幣的數量，而取決於當時的生活習慣與風尚，借貸需求的起伏也決定於此。

至於我們提出的第二方面，即滿足這種需求的財富多少，情形亦復相同。滿足需求的財富多少，與利息的上漲一樣，取決於人們的生活方式，而不是金銀的數量。任何國家，只有財產或國內金銀的支配權集中在某些人手裡，形成相當可觀的金額，或組成一個強大的金融界，就產生了一批放貸者，從而使利率降低。這種風尚的形成，歸因於積聚一定數量的金額或大筆錢財。

貨幣的突然增多，不會積聚成大筆的款項，只是會讓物價上漲。借貸者多於放貸者的情況依然存在，利息不會下降。

社會發展、經濟進步下，農民和地主外，又多了一種靠經商為生的人。這種人從農民手裡取得原料，加工製成各種商品，只留部分供養家餬口。

但是隨著人們勤勞精神的增長，人眼界也大為開闊，發現邊陲之區也可像毗鄰之鄉一樣互相協作，這種交流可以無限擴展、日趨繁複。於是商人便應運而生，他們奔走於全國，在那些互不相識的人們之間充當經紀人。

隨著生產的進步和勞動人口的增多，人際的交往也有所增加，例如：民間經紀或買賣的事務變得更加複雜，分工漸細，牽連益廣，形成錯綜複雜的局面。在所有這些交易事務中，會有相當一部分商品和農產品歸商人所有，這是他們應得的報酬，必要且合理。至於這部分商品，商人有時保存實物，但更多換成貨幣——通用的商品代表物。

人類永遠不會滿足於現狀，他們會發揮才智繼續創造財富，這種慾望似乎是人類共同的愛好追求。讓一個人無所用心，成天遊手好閒，他從這種賦閒中感受到的精神壓力無比沉重，於是尋求刺激，耽於逸樂，對於縱情聲色揮霍無度最終必然傾家蕩產，他卻將這顯而易見的後果視而不見。

假如讓一個人以一種較無害的方式，發揮自己的精力才智，他就能得到滿足，不再有那種無止盡追求娛樂的慾望。這就是商業擴大節約，守財奴超過揮霍者的原因。

商業的發展促進每個社會成員進步，使人人勤勞節儉，技藝使人很快有精神寄託。一切勤勞的行業使人節儉，同時也使愛利之心勝過逸樂之念，而這一點放諸四海皆準。

在從業的律師和醫生中，多數人都是量入為出、留有餘地；入不敷出或揮霍一空的人畢竟是少數。因此除了商業，再沒有別的產業能增加貨幣持有者，換而言之，促進勤勞、發揚節儉，也使社會上某些成員能主宰這種勤勞。

一個國家如果沒有商業，基本上只有地主和農民兩種人，地主的揮霍浪費產生著一種持續的借貸需求，農民卻沒有錢能擁有這種需求。錢分散在許多人之手，商業必須依靠發揚勤勞節儉，才能聚集大宗資金，而這些卻與國內的貨幣流通量無關。

商業的急速發展讓放貸人數增加，導致利率降低。那麼我們現在應該考慮，商業發展要達到什麼程度，才能夠降低利潤，使利息下降。

商業中的低利潤與低利息，彼此相互促進，兩者都源於商業的發展，產生了富商，使貨幣量增加。商人有了大筆的資本，不管這些資本是少量或大量鑄幣，必然發生這種情況：當他們倦於經商，或者他的後代不喜歡、沒有才幹經商的時候，很大一部分資本就會尋求一個常年可靠的收入。

供給的增多必然使價格降低，使放貸人接受低利息。這種考慮迫使許多人寧願把他們的資本留在商業中，滿足於低利潤，而不願把他們的貨幣按更低的利息貸放；另一方面，當商業急速發展並擁有大量資本時，必然產生商人間的競爭，這種競爭使利潤減少，同時也使商業規模擴大。商業中的利潤降低，使商人離開商業，寧願過清閒日子，接受低利息。

因而，探討低利息和低利潤這兩種情況，究竟哪個是原因，哪個是結果，作用不大。兩者都是從急速發展的商業中產生，並彼此促進。在可以得到高利息的地方，沒有誰會以低利潤滿足，而在可以得到高利潤的地方，也沒有人會以低利息滿足。這樣大大擴展了商業資本，因此它既降低利息又降低利潤，每當它降低利息時，利潤也相應降低來促進它，反之也是一樣。

因此，如果我們從這種因果關係的整體來考察，那麼利息就是國家狀況的真正晴雨表，低利率就是人民興旺的代表。低利息是工業發展的證明。有時一場突如其來的商業的大失敗，導致商人大量拋售貨物，說不定也會短期引起同樣結果；不過這時一定伴隨著窮人失業、民生凋敝的嚴重現象，再加上短期，所以不可能把這兩種情況混為一談。

曾有人斷言：「貨幣多歸因於利息低」。這種見解，看來是把伴隨的結果當作原因。同樣，由於生活日用品的增多和工業發展，大量財富積聚在並非地主的人手裡，從而使利息下降。

貨幣多和利息低，這兩種結果都是商業和工業的產物，彼此卻是完全獨立，因為確定其相互價值的是貨幣與各種商品間的比例。還是按照上述假設，生活日用品日益增多，而流通中的貨幣並無變化。那麼在這個民族中，少量的貨幣就能使人變成富翁，這當然只會發生在安居樂業的時代，而不是愚昧懶惰的時代。無論修建住宅、陪嫁女兒、購置地產、開設工廠，乃至養家餬口、添置家具，都只要少量的貨幣就能辦到。

一般來說，一個國家貨幣量的多少對利息沒有多大的影響。但是由於人們出利息借貨幣，借的實際上就是勞動和商品，所以勞動和商品儲備的多少，對於利息必定有重大影響。要是商業擴展到全球，那麼工業最發達的國家的確總是金山銀海。

所以說，低利息和多貨幣幾乎不可須臾分離。儘管如此，在處理社會問題時卻經常會用到，只能透過實踐來改進這些問題的推理方法。

根據威加的記載：西班牙在發現西印度群島後，國內的利率幾乎立即下降一半。從此以後，歐洲各國的利率也相繼下跌。又如狄奧尼修卷二所載：在征服埃及後，羅馬的利息從百分之六下降為百分之四。

面對著這樣的史實，在征服他國後，利息下降的原因好像不同，卻不能把這種結果理所當然地歸之於金銀的增加。

在征服國裡當然可以設想，這批新獲得的錢幣會落入少數人之手，並攢成大宗現金，謀求有保障的收入，與工商業大發展時相同的結果就接踵而至，放貸者的增加超過了借貸者，使利息下跌；而如果那些獲得大筆現款的人，在國內找不到工業或商業，除了放貸生息，沒有別的方法能使用錢幣的話，那利息就會跌得越來越快。

相對而言，當新增加的金銀被吸收流通到全國後，地主債臺高築，暴發戶則坐吃山空囊內告罄；如此過不了多久，情況就又恢復原狀。全部的貨幣可能仍在國內，並且透過物價的上漲讓人感到它的存在，只是不再積聚成大宗金額或庫存，借貸者與放貸者之間的比例失調依舊，一段時間的調整後，利息就會慢慢回升。

縱觀歷史，我們可以發現：在圖拉真時代，義大利抵押借款的利息為百分之六；在俾斯尼亞，普通抵押貸款的利息為百分之十二。如果說西班牙的利息沒有回升到原先的高度，這只能歸之於使利息下降的原因依然存在，即不斷地在西印度群島大發橫財，從而滿足了借貸者的需求。由於偶然原因，西班牙的情況相反，雖然商業和工業極不發達，但放貸的貨幣較多，這就積攢了大宗金額。

英法以及歐洲國家若利息下降，是因為貨幣的增加，而非工業的發展，它的變化平穩漸進。在貨幣增加尚未引起勞動和糧食價格上升的間歇期，這種工業發展倒是貨幣增加的正常結果。

總而言之，儘管目前的製造業、技藝等行業都繁榮興旺，勤勞和節儉仍適用，但是這些情況決定著商業利潤和每個國家放貸者的比例，而低利息是以上所有情況的必然結果。

論貿易平衡

貿易和貨幣方面的具體問題都特殊複雜，取締硬幣和金銀在國內的流通是正確的；不過，金銀和硬幣倒是無足輕重，重要的是不准從工業和信貸的發展中提取補償，也不准其發展過頭，失去平衡。

禁止商品出口，在那些不了解商業性質的國家裡經常可見，它們把認為有價值的東西保存在國內，而沒有考慮到，某種商品一旦出口較多，受益最多的肯定是生產國。

在英國議會的許多古老法案裡，把出口任何物品都定為有罪，說明當時的英國，特別是在愛德華三世統治時期，對商業的性質同樣不理解；時至今日，穀物的出口在法國幾乎始終被禁止，據說是為了備荒，但這種做法並沒有造成任何作用，人民依然飢餓。

對於貨幣，人們也同樣存在一種恐懼。這樣的現象，需要從道理和經驗兩方面說明問題，禁運只能喚起被禁運物品的交易，從而促進更大的出口。

在商業發達的國家裡，仍有著一種對貿易平衡的強烈恐懼，唯恐自己的金銀全部外流。這種擔心在任何情況下根本都不必要，只要努力發展工業、培養人力資源，就永遠不會失去大量的貿易錢幣。

可以看出，貿易估算是以極不確切的事實和假想為基礎。無論是海關的帳簿，還是匯率，都不能看作是充分依據；除非我們對各國的情況通盤考慮，同時了解豁免稅額的比例。

史威夫特博士在〈愛爾蘭現狀之一瞥〉中寫道：「先前這個國家的全部現金只有五十萬鎊，愛爾蘭人每年要從中提出整整一百萬鎊給英格蘭，而且他們幾乎沒有別的來源可以得到補償，除了付現金的法國葡萄酒進口外，簡直沒有別的對外貿易。」

這種局面應該非常不利，其結果則是：三年之後，愛爾蘭的現金已從五十萬鎊下降為不足兩鎊。這位博士如此憤慨發表關於愛爾蘭財富發展的高見，怎能經久不衰，還發揚光大，令人難以理解。

如果一個人在公事上情緒低落，就會有貿易逆差的憂慮，又無法開列一張足以抵消進口的出口貨物清單來批駁這種憂慮。這裡只提出一般性的論點，說明只要我們保持國內的人力和工業，這種事情就不可能發生。

能否假設一下：如果英國倒退到亨利王朝和愛德華王朝時期，結果又會如何？勞動和商品的價格不見得不會相應下降吧？各種物品的售價也不會像那兩個王朝時期一樣便宜吧？

在這種情況下，彌補我們已失去的貨幣量，並趕上所有毗鄰國家；而一旦我們達到了目標，就會喪失廉價勞動和商品的有利條件，富足的生活使貨幣的流通停頓。

換而言之，假設英國的全部貨幣在一夜之間增加四倍，難道我們的一切勞動和商品不會貴得出奇，以致沒有一個鄰邦能買得起嗎？在另一方面，別國的商品相形之下會變得非常便宜，以致不管制訂什麼樣的法律，都無法阻擋這些商品走私入境，使我們的貨幣外流，直到我們的貨幣量下降到和別國相等。

這些過分的不均衡現象出人意料地發生，那麼能矯正這些現象的因素，必然同樣會按事物的正常趨勢防止其發生，必然會讓所有毗鄰國家的貨幣量與技藝工業始終相稱。要是任何一方升高，升高到一定高度就會失去平衡，必須降低到取得平衡為止；同理，矯正已發生不均衡現象的因素，必定不依靠暴力和外部作用。

現在，凡是同西班牙和葡萄牙做生意的國家都大得其利，除了只要積聚貨幣超過應有水準，必定會流動的原因，還有沒有其他因素？這些國家的君主已經表明——他們不想把金銀都留在自己身邊，只求保持適度實用。

貨幣只要利用任何物質的的障礙切斷交往，這種情況下，就可能出現貨幣的異常不均衡。在手工業品和工業品方面，歐洲的技巧和構思可能比中國高明；可是迄今為止這方面的貿易，卻總是蒙受巨大的不利。要不是從美洲獲得源源不斷的補給，歐洲的貨幣量就會迅速下降，中國的貨幣量卻會上升，直到兩地的儲存量大致拉平。

說明這種作用的必然性，我們不必求助於物質的誘惑力，只要舉出人們興趣愛好的那種精神吸引力就能充分解釋。

貨幣的分布均勻，亦即貨幣不能超出與各省勞動和商品的比例，任意增減；在這個問題上，當一個心情憂鬱的約克郡人估算擴大繳給地主的房租，以及購買商品等管道流往倫敦的金額，發覺到這些與他作對的東西是多麼卑劣時，他一定是百感交集、悲觀失望。

正如杜．波瓦神父在《被誤解的英國利益》中說：「一旦貿易開放，蘇格蘭很快就會把英格蘭的寶庫搜刮一空；而蘇格蘭方面卻有相反的擔心。對於這兩種顧慮，時間真是天公地道。」

羅馬帝國各省之間，以及與義大利（行政區）間，無疑是不受立法機構的制約而保持這種平衡；今天，任何到歐洲遊歷的人，都會看到君主們和各國政府十分荒唐可笑的戒備，但貨幣還是接近均衡分布，國與國、省與省之間的差別並不懸殊，而人口自然而然地向各個首府、港埠以及運河集中。

如前所述，貨幣量與工業和商品量之間的差別，仍然存在一定的比例，使貿易均衡得以維持。

英國對法國所抱的恐懼和敵意極深，這種敵意為通商帶來了無數阻礙和刁難，但是這種敵意會使我們失去銷售毛織品的法國市場，轉向西班牙和葡萄牙購買酒類——這是一種以高價進口劣質飲料的買賣。

然而，如果我們摒棄一切偏見就不難證明：凡事有弊必有利。為了提供英國酒類，法國每增加一英畝葡萄園，法國人必然從英國取走一英畝的小麥或大麥，維持自己的生活。而這樣的貿易活動，顯然是英國掌握了主動權，並獲得了品質較高的商品，得到良好的收益，法國國王認為糧食的價值高於其他作物。

有兩種權宜措施，可以使任何國家的貨幣超出平均而增減。

紙幣流通全國，替代金銀，相應提高了勞動和商品的價格；這樣一來，或者排擠一大部分的貴重金屬錢幣，或者防止了硬幣的繼續增加。

任何一個人，假如他的貨幣儲存量增加一倍，就會富裕許多，而隨之而來的有利結果，就是人人手中的貨幣都有所增加；至於這會引起一切商品的相應漲價，從而使實際境況最終又下降到原本情況，這一點姑且不論。只有兩國政府談判、交易時，貨幣儲備較大的一方才會有利，這時紙幣毫無價值，所以單憑貨幣儲備來講，只關乎數量的多寡。

如果紙幣能夠繼續有效，那必定有金銀可供兌現，只要我們不因紙幣的發明而阻礙金銀的進口。我們可以從世界各國獲得金銀，如果國內的貨幣低於均衡水準，就應從鄰國收取貨幣，直到無法再多。

很明顯，法國存有大量的金條和銀錠，這是為了維持紙幣信用。因為在法國，本票不能流通，高利貸或放利生息不被允許公開，使得大量現款和金銀餐具都存放在保險櫃裡。這種做法，使法國的勞動和糧食，較之金銀儲備較少的國家，保持著較低廉的價格。類似法國的貿易國家一旦發生了緊急狀況，這種金銀儲備的好處就一目瞭然。

在熱那亞，曾風行用中國的瓷器代替金銀餐具；然而，上議院預見到其後果乃明令禁止，不准這種易碎器皿的使用超出某種範圍，銀質餐具的使用則不受限制。這一法令的好處就是體現出窮困。

紙幣的出現取代了金銀的流通，在殖民地商業上唯一有價值的，就是工業品和商品。人們嚮往硬幣，但沒有人能保證硬幣是否能取代紙幣。

貿易和貨幣方面的具體問題都特殊複雜，取締硬幣和金銀在國內的流通是正確的；不過，金銀和硬幣倒是無足輕重，重要的是不准從工業和信貸的發展中提取補償，也不准其發展過頭，失去平衡。如此就能透過正確使用紙幣，促進商貿發展。

要是本票能夠貼現的話對商人是多麼有利，這種情況眾人皆知，因為凡是方便硬幣流動的事情，都對一個國家的普通商業有利；但私營的銀號錢莊能以收存的存款為擔保，開出這種本票，而英格蘭銀行同樣根據它擁有的特許權，發行鈔票作為支付。

銀行信貨的發明是商業史上的巧妙運用。這種發明的好處是，一個人的具保，保證開戶往來可以接近其全部財產，這樣銀行本票就等於現款，銀行信貸只有動用時才需付利息，與以極低利息借錢一樣有利。

同樣，商人從這一發明中獲得了極大的方便，用以維護彼此的信用，也是避免破產的有力保障。如果一個人的銀行信貸用光，可以去向還有的諸親好友乞援；借到錢後，可以在對方方便時歸還。

格拉斯哥的商人組織了幾家銀行，發行了十先令的小額鈔票，用以支付各種貨物。這些鈔票隨著公司信譽的確立流傳全國，當作支付貨幣。依靠這個辦法，五千鎊的本錢就能有六、七千鎊的作用，使商人得以擴大經營、薄利多銷。

這種發明為信貸提供極大便利，這當中也有風險，同時也排擠掉了貴重金屬。在統一後硬幣回爐重鑄時，人們發現：蘇格蘭的硬幣約有一百萬枚。儘管財富、商業以及各種製造業有了巨大的發展，人們仍然認為因為英格蘭的刻意搜刮，如今流通的硬幣肯定只有當初的三分之一。

如果把發行紙幣認為是一種權宜之計，那麼它的目的，就是把貨幣量壓縮到均衡水準之下。但如果把現款上鎖，就會讓貨幣量達到均衡水準以上，我們應該竭盡全力的阻止，利用這種手段，將周圍環境不相往來的流動資金積聚到任意高度。在這種情況下，流動資金積聚到無以復加的程度，以致把盛錢的容器都脹破。最後這些錢與周圍環境混合，迅速下落到應有的平均值。

正是由於以上原理，我們還是不能接受歷史學家所分析，說亨利七世積聚的大量財富高達二百七十萬英鎊，而寧願承認一個迎合我們根深蒂固偏見的事實。可是，對於一個狡詐貪婪、視錢如命的專制君主，又有什麼難以理解？即使這樣，他也不可能使人們察覺到流通貨幣的減少，或者讓人們蒙受某種不利。因為商品的一旦跌價就會立即給予補償，還會為英國在與鄰國通商時提供有利的條件。

根據古代作家的記載：雅典的人口和財產，在伯羅奔尼撒戰爭開始時，並不比馬其頓戰爭開始時多。在腓力和珀爾修斯時代，希臘的貨幣略多於亨利七世時代的貨幣，這兩個希臘君主從小小馬其頓王國搜刮財寶的三十年間，就超過了英國君主。埃米利烏斯．保盧斯帶回羅馬的錢大約有一百七十萬英鎊，據普林尼說，則是二百四十萬英鎊，而這只不過是馬其頓金銀財寶的一部分，其餘的部分因珀爾修斯的抵抗和逃跑而失散。

我們透過斯坦尼思的記載可以了解到：在伯恩放貸生利息的錢有三十萬鎊之多，相當於瑞士國庫的六倍；至於當時囤積起來的現金，則達一百八十萬英鎊，相當於那個小國自然流通貨幣的四倍。按常理推測，在這樣一個土壤貧瘠的彈丸小邦，必然貨幣奇缺；相反，在法國和德國本土少見的內地省份，那裡的居民卻是如此富裕。

阿庇安在《羅馬史》的〈引言〉中，將托勒密的寶藏描寫得天花亂墜，令人難以置信；其所以不可信，是因為這位歷史家說：「亞歷山大大帝的繼任者們都崇尚節儉，所以如果說他們的財寶都富可敵國，就更不可信。」他所提到的數目為七十四萬塔蘭同，根據亞布斯諾特博士的計算，折合一億九千一百一十六萬六千六百六十六鎊又十三先令四便士。阿庇安本人是亞里山卓人，他自稱均取材於歷史檔案。

透過以上原理的分析我們就可以理解：為什麼歐洲國家在貿易方面要設置障礙和關稅。因為貨幣一流通，就絕不能超出它的均衡水準而大量積聚；或者唯恐喪失自己的貨幣，然而其實並不會低於均衡水準。

我們廢除了大量囤積貨幣的政策，接受了紙幣，同時採納了五花八門的發明；而這一切歸根結底，只會阻礙工業的發展，使我們以及鄰邦都失去技藝和自然方面的共同利益。

事物具有特殊性，不能把對外國商品的課稅一律看作偏見或無用之舉。比方說，對德國的亞麻織物徵稅，就能鼓勵本國製造商，使從業人員和工業成倍增加。由於徵稅必須依靠政府支持，把關稅加在外國商品上較為方便，在港口碼頭上極容易能攔截外國商品強制徵稅金。

不過，假如酒類進口稅降低三分之二，政府的收入無疑要比現在多很多，而我國人民也普遍能喝上有益於健康的好酒，對於總是提心吊膽的貿易平衡問題，也就不會有什麼偏見。這樣，若能超出本國農業能力製造淡啤酒，也就不值得大驚小怪，讓少數人去經營就是了，酒類和穀物的運輸自然也不成問題。

如果國家失去了貿易、工業和人民，就不能指望維持金銀的儲備，因為這些貴重金屬總是要與前面這些有利條件保持一定比例。只要政治中心有變動，只要遠方還有開支浩大的軍隊，只要巨額的資金還掌握在外國人手裡，這些因素自然會使硬幣減少。一般而言，最終會伴隨人口和工業的轉移。不過即使這些情況如故，貨幣卻不會繼續外流，總會透過各種管道設法回流本國。

多少年來，一直有一股公開而明顯的潮流，使歐洲的貨幣流向羅馬，可是這些錢又從許多隱祕的管道從羅馬流走。由於缺乏工商業，羅馬教皇領地如今已成為全義大利最貧窮的地方。

總之，一個國家的政府有充分的理由愛護人民，保護工業。既然保護工業、愛護人民是政府必須做的事務，那麼就不必為貨幣擔驚受怕，使人民可以依賴政府。

論賦稅

人們最難察覺加到消費品上的捐稅，尤其是奢侈品上的捐稅。從某種意義上來說，人們繳納這類捐稅是自願的，因為一個人在使用商品時

可以量力而為、有所選擇，捐稅就在無形中一點一滴地繳納了。

長期以來，在論者中流行著這樣一條準則：每增添一種捐稅，會使國民產生一種新的負擔，隨著社會負擔的增加，人民吃苦耐勞精神也會相應增長。正因為這條準則其真實性不能完全肯定，所以很容易被人濫改。然而必須承認，從一定範圍來講，無論從道理以及經驗上看，都是有所根據。

倘若對百姓的日常用品徵收捐稅，我想可能有三種結果：一，窮人不是節衣縮食；二，提高薪水，使課稅負擔完全轉嫁到富豪頭上；三，窮人提高其生產積極性，以保持原先的生活水準。

大多數商業國並不總是幅員遼闊、肥土沃壤；相反地，它們一直是在不利的自然條件下慘淡經營。推羅、雅典、迦太基、羅德斯、熱那亞、威尼斯、荷蘭等都是這方面的有力例證。

在所有的歷史進程中，地大物博的貿易國只有尼日蘭（荷蘭）、英國和法國。尼日蘭（荷蘭）和英國似乎一直致力於發展自己的海上優勢，認為只有經常出入外國港埠，才能獲得本國自然條件不能產出的貨物；至於法國，貿易發展很晚，看來是一個機靈而又有事業心的民族，注意到航海及商業讓鄰國發了財，經過觀察後才決計效仿。

曾經有人認為：不利的自然條件能促進勞動積極性。威廉．譚普爾爵士把荷蘭人的勤勞，完全歸因於不利自然條件的逼迫。為了進一步論證自己的觀點，他列舉了古今商業繁榮的地區，而那些地方都是蕞爾小邦，促使人們必需勤勞。

人們最難察覺加到消費品上的捐稅，尤其是奢侈品上的捐稅。從某種意義上來說，人們繳納這類捐稅是自願的，因為一個人在使用商品時可以量力而為、有所選擇，捐稅就在無形中一點一滴地繳納了。捐稅如果徵收得當，可以使人克制物慾、崇尚節儉，而捐稅混在商品的自然價格中，根本不被消費者察覺。

多數國家為了彌補稅收之不足，不得不徵課財產稅。財產稅的徵收不算高，不過另有其他弊病，最為有害的是捐稅變成橫徵暴斂。如若如此，勢必造成勞動積極性的懲罰，而由於不可避免的徵課不均，比真正的稅收更令人難以忍受。

徵收人頭稅，即便認為不苛刻，也總被認為危險。因為君主極容易一點一點增加人頭稅，以滿足其所需金額，結果使這種稅變成一種壓榨；另一方面，君主很快就會發覺，商品徵稅本身有個限度，提高徵課並不能增加他的收入，老百姓就不致因這類稅傾家蕩產。

歷史學家認為：羅馬帝國覆滅是因為財政的變革，即以普遍的人頭稅取代原先帝國歲入的各種稅款。各省的人民受盡壓榨，寧可躲避在野蠻民族武裝征服的羽翼下，他們認為野蠻民族索求較少，雖說異族統治，仍比羅馬人苛刻的暴政好。

各種捐稅最終落在農產品上，這是不容否認的事實。我們能看到，在五穀歉收的荒年，紡織工匠少花錢、多工作，節約與勤勞並行，如此就能度過這一年；而如果為了保護自己的政府而要承受同樣的艱苦，那也完全應當。

誠然，人人都想把捐稅負擔轉嫁到別人身上，可是由於人人都有這種意圖，各自提防，無法設想哪群人可以在這場競爭中取勝。對於地主，商人們倒確實想設伏捕獵、分而食之。不過商人們的這種心機，即使不收捐稅，也是始終存在的；而地主也可以如法炮製，抵禦商人們的轉嫁負擔，最終使商人和他共同承擔捐稅。

關於賦稅，有一種實例在各種政治制度中一再出現，即事物發展的結果與人們最初的預料截然相反。

土耳其政府有一條公認的根本準則：聖上雖然是每個人生命財產的絕對主宰，卻無權徵課新的捐稅。

對此，你會以為這種根深蒂固的觀念，該是世界上防止壓迫最堅強的屏障了吧；然而結果卻恰恰相反，要是土耳其皇帝能夠像歐洲的君主們一樣課徵新稅，那麼他現在的利益就會與人民的利益結合，就能看透橫徵暴斂、恣意搜刮的後果，也會發現徵稅的種種好處。

論社會信用

公債在商人手中是一種特殊貨幣，可以不斷增值，使商人在商業利潤之外得到穩定的收益，對國家的繁榮也大有好處；但戰爭、天災、人禍，甚至征服和勝利等因素，也可能導致公債的實效，即國家的失信。

未雨綢繆的做法古來有之：太平時期積穀存糧、聚寶理財，以備征戰防禦；不苛捐雜稅，更不指望在動盪時期大發橫財。

聖經裡也談到過海席基阿和猶太君主的財寶，就像世俗的歷史談論馬其頓國君腓力和珀爾修斯一樣；古代高盧人的城邦也儲藏了大量錢財；凱撒在歷次國內戰亂中攫取的財寶，也是人盡皆知。此後我們也看到一些比較英明的皇帝，如維斯帕先、塞維魯斯等，總是高瞻遠矚、防患未然，儲存大量貨幣以備國家緊急之需。

然而現在流行的做法，是把社會收入抵押出去，因為人們眼前就擺著精明朋友及老一代的先例，也就效仿前人，寄託在下一代身上。而對於這種無可爭辯的毀滅性做法，無須浪費時間疾呼反對。

在這個問題上，十分明顯，古代的準則比現代更高明，即使現代的準則是局限在某種合乎情理的範圍，而且任何情況下總是伴隨節衣縮食的現象，這種和平時期的節約，目的在於清償耗費巨大的戰爭欠下的債務。

如果社會的財富較多，則其必要支出亦相應較大；如果社會的財源更加豐富，則支出不受限制。由於一種社會結構應有較為長期的打算，也就是說要有比人的一生，甚或一代更為長遠的打算，所以社會應該廣泛採納持久而且高尚的準則，而這種準必須在社會存在的全部期間都適用。

如果一個國家自以為富足就貿然啟釁、武備不修，這樣做非常危險。任意把國家財富當作抵押，必然會招致貧窮虛弱，落到向外國稱臣的境地。

人員的損失，捐稅的增加，商業的衰敗，錢幣的減少，以及來自海上和陸上的劫掠蹂躪，都是戰爭帶來的各種破壞。按照古代的準則，戰爭產生的破壞就是打開國庫，因為這樣做既可弄到極其大量的金銀，作為鼓勵士氣的權宜手段，又可以彌補帶來的戰爭創傷。

大臣們最感興趣的就是：怎樣在自己執政期間名聲顯赫，又不加重賦稅負擔，更不招致抨擊反對。因此恣意舉債，幾乎是每個政府必然的做法。讓一個政治家有權濫出借據是不明智的做法，猶如允許一個敗家浪子，在倫敦每家銀號錢莊開戶往來。

一方面，政府抵押權不受需要約束，是有利的；另一方面，任何國家即使不受外敵逼迫，也總不能採取一種比較明智的措促進商業增加財富，而是無止盡地籌款、借債、徵稅。

如果我們從內政、商業、工業以及對外貿易等方面，考察政府舉債的後果，就可發現：我國已經把債券看作金銀一樣，一個商人只要擁有大量債券，就可放膽做大生意，因為他能應付任何突如其來的急需資金。銀行股票或印度債券，尤其是後者，都可有同樣的作用，因為商人可以在一刻鐘之內就把它們賣掉或抵押給銀行家，同時這種證券並非閒置，就是放在商人的櫃櫥裡，也會為他帶來固定的收入。

總之，公債在商人手中是一種特殊貨幣，可以不斷增值，使商人在商業利潤之外得到穩定的收益。這就必然使他們在做生意時可以採取薄利方針，這種薄利方針使商品售價低廉，促進消費，刺激老百姓的勞動熱情，有助於把工業和技藝傳播到全社會。

有一部分人是商人，又是債券持有者，商業並非他們主要的生活來源，真正依賴的是他們的存款收入。購置田產，可以使商人得到利潤或有所保障；可是田產較多，就要求商人付出更多的關心，這樣就會分散時間精力，也不便把田產折成現款。而且田產一方面提供了種種天然娛樂，另一方面又營造出獨霸一方的尊嚴，使人迷戀。如此，原來的市民很快就會變成鄉紳。

綜上所述，社會如果有債務，擁有證券和收入的人多半還是商人，我們應該認識到：降低利潤、促進流通、刺激工業，這些做法對商業有利。

而如果就整個國內經濟發展水準來講，社會債務也有許多不利的影響，它所產生的利弊無法比較。

國債所支付的利息，是從各省抽取大量的錢，此外由於貿易之利，首都商人的利潤也要大於國內其他商人。但關鍵在於無比龐大的倫敦，如果能擁有更多特權，會不會使人們結黨營私，甚至叛亂。然而，國債本身趨向對這種惡行提供一種改正辦法，因為國債持有者最愛惜自己的財產，他們會不受任何威脅，一如既往地支持政府。

國債作為一種有價證券，具有與貨幣一樣的弊病。國債取代了金銀，減少了金銀的流通量，從而使國貨在大部分商業中流通，使糧食和勞動的價格日見增高。

如果政府要支付公債利息就可能徵稅，不是壓抑較為貧困人們的勞動價格，就是提高勞動的價格。

英國的債券一部分被外國人掌握，這樣在一定程度上，英國就會變成附庸國，也許在不久的將來就會有人口外流、工業遷徙等現象。

我們的公債常常鼓勵無所作為的寄生生活，這是因為大部分公債掌握在有實力賦閒的人手裡。

從總體上來看，公債對商業和工業會有微不足道的損害。一個國家必須在國際社會上自立，在戰爭和談判問題上，必然要與別國打交道。國家所受的損失不能用任何有利情況來彌補，因而是一種十足的災難。

國家絕不因有債務而削弱，因為這種債多半是向本國同胞借，等於拆東牆補西牆，這樣的論點一直存在。對於這種破綻百出的論調和似是而非的比擬，如果我們不按照原則推敲，就聽之任之，不必深究。因為在每個社會裡，勤勞和有閒人員之間有一定的比例，這是必然的現象。假設把我們的賦稅全部抵押出去，有可能會走到民窮財盡的地步。

任何國家都有適合自己徵集錢幣的方法，即符合國民的生活方式，又適合使用國民的商品。在英國，對啤酒徵收貨物稅提供了大量的收益，因為釀造啤酒的過程既令人厭煩，也無法隱瞞，而且也並非是生活必需品。如果是生活必需品漲價，就會大大影響窮人的生活；而如果把這部分稅全部抵押出去，不會損傷一根毫毛。

徵收消費稅要比財產稅公平簡便；而若我們採取最激烈的方法收取消費稅，國家又會有什麼損失？

對於國債是否該有規定限度，目前還沒有明確的規定。

由於政治認識的不完備和人類智力的局限性，我們難以預言任何未試驗過措施可能產生的後果，但崩潰的種子已經大量播下，這一點就連最粗心的觀察者都能看見。

在社會的這種反常狀態中，只有債券持有者才能掌握超出他們行業直接效果上的收益，他們不但控制了關稅和貨物稅的全部所得，而且幾乎攫取了全部地租和房租。

這種債券持有者與國家不會有任何利益糾葛，他們可能沒有任何理想抱負，只是享受收益，平庸地度過其一生。倘若公債長期存放在某個家族手中，也不能把這些持有者看做是擁有世襲權利或榮譽的特殊人，因為他們的選舉已完全被行賄和腐敗支配。

儘管法律上明確規定：絕不徵收不利於商業和工業發展的捐稅。但那些沉湎於糜爛生活的人，卻沒有能力解決各種緊迫困難。商業上不斷波動的要求，不斷改變捐稅的性質，這就使立法機構時刻都面臨這樣一種危險：在有意或無意中疏誤失策。無論是稅收失利還是其他的偶然事故，都會對貿易進行打擊，使整個政府陷於混亂。

那麼，我們就要考慮：怎麼做才能支持對外戰爭和冒險、保障貿易興旺，又維護自己以及同盟者的利益？這種想法一旦實現，我們即使把一切儲備都抵押出去，讓商業發達的國家更加富庶。但支撐這一切的收入，顯然是對連續徵課的所得稅，把年金收入的一部分再抵押，將它用於保家衛國。然而這種體系會帶來種種困難，年金領受者須承擔年金波動帶來的風險。

倘若專制獨裁君主對年金領受者任意改變苛捐雜稅，就會使所有錢幣都收歸君主掌握；相反，要是任何捐稅都徵得年金領受者的同意，那就永遠也不能讓他們拿出足夠的錢維持政府開支，因為那樣做將會明顯減少他們的收入。我們也可以在幾個共和國裡找出支持政府鳌金的實例，不過這種做法總屬於權力機構的非常措施，絕不能成為常備。倘若把一個政府全部的稅入抵押出去，那麼它必將陷入貧困軟弱的境地。

以英國目前的發展局面來看，有朝這種局面發展的趨勢，更何況還有無數無法預測的弊病，這將會造成畸形的現象。

由於社會長期潛移默化的發展，使社會各界人士都對政府公債抱有一種敷衍的態度，就連最達觀的樂天派也不敢指望目前或未來任何內閣會執法謹嚴、償還公債，以及國際形勢會讓他們從容不迫地完成這種任務。

在這種情況下，我們又將如何理解：事情的結局很少取決於戰爭、談判，而是似乎是根據一種事物的正常趨勢推理、支配？最初總是十分審慎地抵押，既然現在終於達到了目的，就能很容易猜想出後果。實事表明，這種後果不是國家毀滅社會信用，就是社會信用毀滅國家，古往今來，兩者從未並存。

「認為國家欠這筆債的想法是荒謬的，因為這債是人人實在都有份，與這些數字龐大的捐稅相比，個人所納的稅款，只是支付利息中相應的一份而已。」這是公民赫岑遜先生提出過的兩種支付設想，雖得到過讚賞，但從未被實施。

但赫岑遜先生根本沒有考慮到，要讓每個人按照各自財產的情況捐獻一筆錢，贖回我們的國家，這對於一下預付上述捐款的相應部分很難做得到，更何況商業上的貨幣和證券財產？

結果很明顯：整個負擔完全落在土地宅邸等有形財產上，這看來是一種難以忍受的不平等壓迫。

雖然這一設想因為種種原因沒有實現，但當國家財政窘困時，謀士提出種種方案解決債務問題時，也可應急使用；不過到那時，社會信用也許就脆弱得不堪一擊，甚至葬送在一些「庸醫」手中。

國家失信有可能是戰爭、天災、人禍，甚至征服和勝利引起的結果。

君主以及國與國之間，經常為債務基金或國家抵押大動干戈，要他們對十分有用的生命財產都毫不憐惜，怎麼可能要求他們用對自己及社稷都有害的財產？

假設國家現金已經耗竭，或者國家面臨被入侵的威脅，君主或大臣手中掌握著安邦定國的妙策卻不使用，將是十足的愚蠢；而此時已經發行和抵押出去的公債，會帶來數額巨大的收入，這筆收入足以保證國家安全。

但是如果在燃眉之急挪用了這筆錢款，也許可以馬上歸還，但經此一擊後，那本已破敗不堪的組織就會順刻瓦解，斷送成千上萬人的生計，我把這種情況稱之為社會信用的自然毀滅，是一種自然法則，無法用任何方式改變。

大多數人都有聽憑擺布、甘受愚弄的天性，儘管這樣的天性會像英國無償破產一樣，可是過不久就會使社會信用如過去那樣興旺發達。人們總是相信眼見為實的東西，至於可望而不可及的東西，不管怎樣言之鑿鑿，總是不信任。雖然如此，那冠冕堂皇、信誓旦旦的承諾保證，配以眼前利益的誘餌，對他們仍然是不可抗拒的強大影響。

自古有之，人類經常會落入同樣的圈套，卻仍然執迷不悟。鼓吹愛國、籠絡人心，是為僭主篡權大開方便之門；阿諛奉承，總是包藏著背信棄義的禍心；常備軍隊，無非是給獨裁政府提供支持；讚美上帝，不外使教士們坐收世俗之利。唯恐社會信用遭受破壞後，從此一蹶不振，這種擔心實在是杞人憂天。事實上，凡是深謀遠慮的人，一旦舊債一筆勾銷後，反而更願借錢給國家。

塔西佗《歷史》裡的見解，對本文完全適用。就像糊塗人換得大量金錢，而在明智人看來，有損於國家獲得的全是空。國家欠債，誰也無法強迫它償還，債權人能控制它的唯一辦法，就是設法維護其信用。不過極容易因為債務過巨，出現一種異乎尋常、連這種信用本身也無力挽回的困境，最終被壓倒。就像一些國家不得不採取種種非常措施，而這種措施對自己國家不利。

上面論述的兩種情況還不是災難性的浩劫，只是以數千人的犧牲，確保億萬人的安全。即便如此，我們也應考慮到這樣一種危險，用億萬人來喚取數千人的一時苟安，是否值得？

民眾政府也許會認為，讓一位大臣無償破產，是一種鋌而走險的做法。上議院的議員都是地主，下議院的議員基本上也是地主，因此可以說，這些人都沒有大量債券財產；然而，也許是下議院的議員與地主們的關聯太過密切，所以人們認為，他們信守不渝的是社會承諾，而不是謹慎、策略，甚或正義，嚴格地說，即議員的誠信不是從實際的需要出發。

從祖父、父輩到至今，都認為歐洲的勢力太過平衡了，依靠著協助或關心鄰國長久維持和平；可是到了下一代，由於對鬥爭感到厭倦，同時也為債權所束縛，也許會袖手旁觀，坐視鄰國受壓迫、被征服，直到他們最終也和債務人聽憑征服者的擺布，我們通常稱之為社會信用的橫死。

以上這種情況，看來離現世不會太遠，應該說已經起步。古人認為，要想獲得先見之明，就必須有敬神的精神，由此可見，我們現在必須正視社會的信用，才能更好的利用它管理國家事務，發揮社會職能。

第四章　感覺之外的存在

「懷疑論」也被稱為「不可知論」。它作為一個哲學概念是以克服獨斷為目的，以人類在一定時期得到的認知為反思對象，以人類特有的哲學思辨、概念思維能力為基礎，經過艱辛的探討後，形成懷疑客觀世界存在和獲得客觀真理的可能性哲學學說。休謨的懷疑論體系，在思想史上具有重要的地位，其懷疑論中的懷疑思維和批判精神具有重要的現實意義。

論知性

七種哲學之中，只有四種徹底決定了觀念，現在只能說僅有代數學與算術這兩種科學了，而幾何學缺乏算術和代數學特有的完全精確性的確實性，但對我們感官和想像不完善的判斷來說，卻必然是優越的。

類似、同一、時間與空間的關係、數量或者比例、任何性質的程度、相反與因果系統稱為哲學關係。這些關係能夠分為兩類：一類完全決定於我們比較的各個觀念，一類能夠不隨觀念的變化而改變。

我們由一個三角形的觀念，發現它的三個角等於兩個直角的這種關係，只要我們的觀念不變，這種關係也就不會變；反之，兩個物體之間的接近與遠隔的，能僅僅因為它們位置的改變而變化，並不需要對象自身或它們的觀念變化，這種位置被心靈無法預見的千百種偶然事件所決定。

同一關係與因果關係亦相同。因為我們看到兩個對象根本上相同，但在同一位置、不同時間出現時，數量卻不同。

既然觀念上無法發現從一個對象產生另一個對象的能力，我們也就不難發現，原因和結果顯然是從我們經驗中得來的，而不是從任何抽象的推理思考。對此，沒有任何一個現象，哪怕是最簡單的現象，也無法依據出現在我們眼前的物質加以說明，只能憑藉記憶和經驗預見。

類似、相反、任何性質的程度，以及數量或比例，只有這四種完全決定於觀念，可以成為知識和確實的對象。這些關係中有三種一看便能夠發現，準確地說，它們應該屬於直觀的範圍，而不是屬於理證。

當任何對象相互類似時，這種類似關係首先刺激眼睛，或不如說刺激心靈，極少需要再次的觀察。

相反關係和任何性質的程度亦是同樣情形。存在與不存在相互消滅，並且完全不相容、相反，沒有任何人會懷疑。當任何性質如顏色、熱、冷之間差別微小時，我們便無法準確地判斷；而當差異變大時，不需要任何推理研究，就能發現其中一種較另一種更強或更弱。

在確定數量或比例時，當差異越顯著，我們越能一眼看出任何數或形之間的大小。

至於精確或相等的比例，即使經過一兩次觀察也經常需要推測。極小的數和極有限的廣袤是例外，因為這些我們能夠立刻了解，在此不太容易犯下嚴重的錯誤。在其他情形下，我們必然只能粗略地估算比例，或者以比較人為的方式決定。

數學中多數的原始判斷，就和幾何學的最初原理一樣。但是幾何學確定形狀比例的技術，已經遠遠超過感官和想像的粗略判斷，但也永遠不可能達到完全精確。

幾何學的最初原理也是從對象的一般現象得來，但當我們考察自然允許的極小現象時，那種現象絕不會提給我們任何保證。我們的觀念好像給了自己一個保證：沒有兩條直線能夠有一個共同線段。但是如果我們考究這些觀念就能發現：這兩條直線總是被假設有一種可感知的傾斜度，而當它們構成的角非常微小時，便不會有那樣精確的直線標準，能夠向我們保證這個定理的真實。

不難看出，在代數與算術這兩種科學中，我們可以連續推理到任何複雜程度，同時還能保有精確性。

我們有一個精確標準，並能依據它判斷一些數的相等和比例，依照數是否符合這個標準，可以確定它們的關係，而不可能犯錯。當兩個數結合，且兩個數的單位相應時，我們就斷言兩個數相等；幾何學之所以難以被認為是一門完善無誤的科學，正是因為缺乏在廣袤面的判斷標準。

從感官和想像不完善的判斷來說，雖然幾何學缺乏算術和代數的精確，但依然優秀。此種說法可能會引起一個困難，故應該在此解釋一下。

我之所以認為幾何學有缺點，在於它原始、基本的原理只是由現象得來。或許有的人會設想：這個缺點必然永遠伴隨著幾何學，使幾何學在比較對象或者觀念時，永遠不能夠比感官判斷更精確。

這種缺點確實會永遠伴隨著它，但因為基本原理都建立於最簡易、最少欺騙性的現象上，就能賦予幾何學的結論一種精確程度，而這種精確單看結論無法達到。

人的眼睛無法判斷千邊形的內角和等於一千九百九十六個直角，或推測出接近的比例；但當他斷定直線不能相交在兩點之間，我們無法畫出一條以上的直線時，不致於犯很大的錯誤。這就是幾何學的功用，它促使我們一直研究現象，因為這些現象的簡易性，不會讓我們陷入重大的錯誤。

我想提出的是，從這個同一數學論題中提示，關於理證性推理的意見。數學家慣於自稱：他們觀察對象的觀念十分細緻精微，不屬於想像的範圍，而必須以純粹理智的觀點才能夠了解，故只有靈魂的高級官能才夠勝任。

同樣的看法也貫穿多數哲學流派，主要說明抽象觀念，並指出如何可以形成例如一個既非等腰、也非不等邊、各邊不限於特定長度和比例的三角形。

不難發現，哲學家為什麼喜愛用細緻精微的知覺概念，來掩蓋很多謬論，並以這種模糊的觀念拒絕明確觀念的判斷。

為了打破這個詭計，我們只要回顧：一個屢次堅持的觀念，都是由印象復現而來的原則。由此我們就能立刻推斷，既然我們全部的印象都清楚確切，由印象復現而來的觀念一定具有同一性，而如果不是因為自己的過失，絕不可能包含任何晦暗複雜的東西。因為觀念比印象來的微弱低沉，但其他方面由於都與印象相同，所以並非極為神祕。

如果我們的觀念沒有微弱到模糊不清，就應該保持觀念穩定精確；若沒有補救，所談的推理哲學都是空話。

概然推斷因果觀念

雖然我們承認相同關係、時空的位置與因果關係這四種關係，但仍有一些特定的問題等著我們考察。

我認為科學的基礎只有四種關係，但另外三種關係卻不是由觀念所決定，假如那個觀念保持一致，這些關係不管是否存在，都要詳細說明。

當兩個對象呈現在感官之前，或兩者沒有呈現在感官之前，又或者只能有一個呈現，我們的知覺能夠比較。而推理的含義，則是兩個對象連同關係呈現在感官之前時，我們並沒有思考或活動，只是以感官被動地接受那些印象。

所以我們發現：一切推理，都只是比較與發現對象彼此間平常、不平常的關係。依據這種思維方式，我們就不應該將關於同一關係以及時空關係的任何觀察當作推理，因為任一種關係中，心靈都無法超越直接呈現在感官前的對象。

在此情形下產生的因果關係，使我們因為一個對象的存在或活動，而相信以後或以前有其他存在或活動。其他兩種關係能夠在推理中被應用，只是因為能影響這種關係，或被影響。

任何對象中沒有能讓我們相信的東西，它永遠相隔、或永遠接近。當我們依據經驗和觀察，發現它們在這一方面的關係不變時，我們總是斷言：在分離或結合它們時有一種祕密原因。

這種推理亦能推廣到同一關係。雖然一個對象多次在感官前時隱時現，我們亦常假設它的個體仍同一不變，即使知覺間斷，仍認為它有同一性。我們斷言：如果持續看著它、觸摸它，它就會傳來不變且不間斷的知覺。但是超越感官印象之外的這個結論，只能夠建立於因果關聯上，除這以外沒有任何保證，能保證對象未發生變化，無論這個新對象多麼類似於先前的對象。

每當發現完全的類似關係時，我們就考究：是否是那一類對象共同擁有這種關係？是否有、或非常可能有個原因，能產生任何那種變化和類似關係？根據對這些原因和結果的斷定，就形成關於那個對象的同一性判斷。

所以，在結束關於知性的題目前，必須充分說明：觀念不僅是決策的第三種因素，且只有因果關係可以推溯到感官以外，將看不到、摸不到存在對象的關係傳達給自己。

假設我們沒有完全理解因果關係的推理，那麼就無法正確的推理；若沒有追溯到觀念的根源，考察產生它的原始印象，也就無法完全明白這個觀念，以及觀念運作的由來。

這樣看來，尤其最初的時候，就能察覺到原始原因和結果兩個對象，並在各方面反覆檢查，有利於發現一個重要觀念的是由什麼印象產生。並且必然不能用對象的任何特性尋找這個印象，因為不管選擇什麼性質，都能發現某種本身沒有的性質，最後仍歸在原因或結果之下。

的確，外界或內心存在的所有東西，都被認為是一個原因或結果，雖然未明顯有一個性質能歸屬於所有存在，讓它們能得到命名。

基於上述，我們必定會發現：對象間的某種關係，產生了因果觀念。第一，我發現，被認為是原因或結果的對象總是互相接近，一旦離開，除了在它存在的時空之外，任何東西都無法發生作用。雖然遠隔的對象有時好像也會相互產生，但經考察後，發現通常它們會跟一連串原因相關，而這些原因本身都相互接近，與那些遠隔的對象也接近；而即使在特殊例子中找不到這種關聯時，我們依然假設有這種關聯存在。

因此，我們能夠認為接近關係是因果關係的必要條件，至少能依據一般的意見假設；以後將會在一個更適當的機會，考察哪些對象可以並列結合，哪些對象則否，用以澄清這個問題。

如果我認為時間上因先於果，這種不是被普遍認為的論點，必定會引起爭論，就像我認為原因和結果的必要條件是接近關係一樣。有些人主張：原因並非絕對先於結果。在存在的最初剎那，任何對象或活動就能發揮它的產生性質，產生與它同時的另一個對象或活動。

不過在多數例子中，經驗好像反駁了這種意見；除此之外，我們還可以借一種推論來建立因先於果的關係。在自然哲學與精神哲學中，有一個被確立的原理：如果在充分完善的狀態下存在一個時期、一個對象，卻未曾產生另一個對象，那它便不是產生另一個對象的唯一原因。它需要其他原則協助，將它從不活動狀態中推動，促使它發揮祕含的能力。

但是，如果有任何原因能和結果完全同時，那依據這個原理，就能確定一切原因和結果全是如此。因為任何一個只要在剎那間延緩作用，在原該活動的剎那卻未曾發揮，就不是一個恰當的原因。

於是由此而來的結果，無異毀滅了我們在世上觀察到原因的接續，並將時間徹底的消滅。因為一個原因如果與結果同時，這個結果又與它的結果同時，如此持續推進，顯然不能產生接續的現象，必然一切對象都是同時存在。

如果這個論證成立，這個結果非常令人滿意的話，就再好不過；但如果並非如此，那請求讀者原諒我在前面擅用的自由，並容許我假設它暫時是這樣。因為你們將會發現，這種事情並不會造成什麼重大的影響。

在假設接近關係和接續關係是原因與結果的必要條件後，我停了下來，因為我無法以任何單獨的因果例子前進了。

在碰撞的時候，一個物體的運動，被認為是另一個物體運動的原因。當我們專心考究這些對象時，我們發現一個物體接近另一個物體，並且它的運動先於另一個的運動，但其間並無任何可感知的時間間隔。在此題目上，即便我們再進一步竭力思索，也絲毫沒有益處，因為將止步不前。

如果我們拋棄這一例子，而想賦予原因任何定義的話，有人可能會說：原因是可以產生其他東西的一種東西，那麼只能說他什麼也未曾說過，因為他所謂的「產生」是何意思？他能夠賦予「產生」一個與原因作用不同的定義嗎？如果可以，我希望他將這個定義說出來；如果不行，他就是在繞圈子，並沒有下定義，只是指出了一個同義詞。

這樣說來，我們應該滿足接近和接續這兩種關係了嗎？並認為它們能夠提供一個完善的原因作為觀念？但事實並非如此。一個對象能夠接近另一個對象，並且先在，仍不被認為是另一個對象的原因。這裡應該考慮其中有一種必然關聯，而這種關聯較上述兩種關係重要得多。

我又仔細反覆研究，從而找到能發現這種關聯的本質，並想從這個關聯觀念中獲得所有印象。當我觀察對象的已知性質時，立刻發現因果關係絲毫不依賴它們。

當我在考察它們的關係時，只能發揮我如今認為不完全、不滿意的接近關係和接續關係，既然我沒有成功的希望，那麼是不是便能說，在此之前出現的觀念，我並無任何類似印象？這能斷然證明我的輕率和易變，因為已經如此堅定地確立起一個與它相反的原則，已不被允許有懷疑。至少在能更充分觀察這個困難前，那個原因不容懷疑。

有些人在預期的地方找尋不到掩藏的東西，毫無明確的觀點或計劃，只是在附近搜尋，希望好運能引導他們找到，而現在我們也必須仿效這些人的做法。對於因果觀念中那個必然關聯的本質，我們一定要力圖發現其他問題並研究，放棄直接觀察。這種研究可能會提供線索，幫助我們澄清困難，而我共發現兩個問題：

第一，每一個開始存在的東西必然會有一個原因，我們有許多理由可以這樣說。

第二，特定的原因一定要有特定的結果嗎？為什麼可以這樣斷言呢？因果互推的本質又是如何，對這種推論我們信念的本質又是如何？這些都值得思考。

在進一步研究之前，我只想說：雖然原因和結果的觀念不僅僅由感覺印象得來，也從反省印象得來，但為了簡略起見，我往往只提到感覺印象作為觀念的來源；不過希望關於感覺印象的論述，也都能應用於反省印象。

正如外界物體彼此關聯一樣，各種情感與它們對象、其他之間都有一種關聯。因此，屬於感覺印象的關係，反省印象必定也有。

原因為什麼是必然的

如果我們想研究原因的必然性，就要從一切原理的本質開始研究，並且一旦認為新的產物產生必然會有一個原因產生，那必定是從觀察與經驗中得到，而並非從知識和科學推理中。

哲學中有條一般原理：開始存在的一切東西，必然有一個存在的原因。在一切推理當中，人們不需任何證明、也不要求任何證明，往往將這一點視為理所當然。這點被假設建立在直觀上面，並且是人們會口頭上否定、心中卻從沒懷疑過的原理之一。

但是，如果我們依據前面說明的知識觀念考察這條原理，那麼在這條原理中，我們將找不到任何關於直觀確實性的標記。從上面能看出，這條原理的本質與信念的本質完全不相符。

一切事實都源自對觀念的比較，當觀念保持不變時，也是在不變中被發現。這些關係就是類似關係、數量與比例、任何性質的程度，與相反關係。在這些關係中，沒有一個涵蓋於「一切開始存在的事物，全都有一個存在原因」這個命題之中。

因此，那個命題並沒有直觀確實性。任何人至少要先否認這四種關係是僅有的無誤關係，才能肯定這個命題有直觀確實性，而且一定要發現別的同類關係包含在這個命題中，我們需要充足的時間考察這一點。

根據這個論證，不能否認的是：我們能夠立刻證明前面的命題沒有直觀的確實性，也沒有理證的確實性。如果我們無法指出：沒有某種產生原則，任何東西絕不能夠開始存在。那麼同時我們也永遠無法證明，每一新的存在或每一新的變異必然有一個原因。如果無法證明前一個命題，也不可能證明後一個命題。

但是，前一個命題絕對無法用理證來證明，只需要考慮下面這一點就能明白：既然所有個別的觀念能夠相互分離，而原因與結果的觀念顯然獨立，就很容易想像任何對象在這一剎那並不存在，而在下一剎那卻存在，無須加上個別原因的觀念或產生原則。

對想像來說，一個原因的觀念和開始存在的觀念顯然能夠分離；所以這些對象現實的分離，可能不包含任何矛盾謬誤。因此，這種分離就無法被單純依據觀念的任何推理反駁；而如果無法駁倒這一點，便證明不了一個原因的必然性。在考察後我們就能發現：人們對原因必然性所提出的每一個論證，錯誤且詭辯。

有位哲學家曾說：「我們所能假設任何對象開始存在的一切時間點，本身就是相等；除了某種原因，是一個時間與一個地點所特有，以此確定這種存在。這種存在必定永遠懸空，那個對象因為缺乏某種東西確定它的開始，因而也永遠不能開始存在。」

對此我要問：假設時間和地點沒有原因就能確定，一定比假設存在的方式被確定更加困難嗎？在此題目下的第一個問題永遠是：是不是那個對象將要存在，其次的問題才是，它將在何時何地存在？

在一種情形下，如果消除原因在直觀上顯得謬誤，另一種情形下也必然如此。如果在一種情形下不經證明就無法顯出謬誤，在另一種情形下同樣也需要一個證明。因此，一個假設的謬誤，絕不能證明另一個假設的謬誤，因為它們都站在同一立場，並必然根據同一推理而成立或不成立。

即使是哲學家，也經常用第二個論證為題。他們經常寫道：「每一個事物必然有一個原因，因為所有事物如果缺乏原因，就是自己產生出自己，亦就是說，它在存在之前就已存在，而這並不可能。」

不過顯然，這種推理並沒有決定性。因為它假設我們否定一個原因後，仍然承認我們已明確否定的事情，無論什麼事情必須有一個原因存在，這個原因由此被認為是對象自身，而這無疑是一明顯的矛盾。

不過，說所有事物沒有一個原因就能被產生，或更恰當地說，沒有原因就能開始存在，並沒有肯定它本身就是原因；正相反，若排除外面的所有原因，就更能排除了被創造出的事物本身。

一個沒有任何原因而絕對存在的對象，原因當然並非是它自己；而當你肯定一個對象是隨著另一個對象而來的時候，只是在竊取論點，並假設沒有一個原因所有事物絕不能存在。而且在排除一個產生原則後，依然必需求助於另一個原則。

和上述情形一樣，我們還有被用來證明原因必然性的第三個論證：沒有任何原因而被產生的東西，都是由虛構產生；換句話說，它用虛無作為原因。憑直觀我們知道：虛無不能等於兩個直角相加，也不能成為某種東西；藉著同樣的直觀，我們也能知道，它絕不能成為一個原因。所以也就不難看出，每個對象都有它存在的真實原因。

不用再多說什麼，大家也能看出，從前面兩種論證中得到這個論證的脆弱，並且可以看到它們都建立在同樣的謬論之上，並且都由同一個思路總結而來。

我們只須要說一點就足夠：當我們排除一切原因時，虛無既不是存在的原因，對象本身也不是；因此，不能根據這些謬誤的假設推出一個論證，證明排除的謬誤。每一種東西如果必然有一個原因，那麼在排除其他原因後，自然一定要承認對象本身或虛無是原因。但爭論之點正是在於：每一種東西是否必然有一個原因。因此要依據正確的推理，而不是自信地認為這一點已被承認。

但仍有人提出這樣的謬論：「由於原因涵蓋在結果這個觀念之內，故每一個結果都有一個原因。」每個結果一定要以一個原因作為前提，結果是一個相對的名詞，原因則是它的相關項目，但不等於這樣就證明了每一個存在先前必然有一個原因。正如不能因為每個丈夫必然有個妻子，就認為每個男人都結婚一樣。問題的真相在於：開始存在的每一個對象，是否都由一個原因得以存在。而我斷言：這一點既未有直觀的確實性，也未有理證的確實性，希望前面的論證已充分證明了這點。

如果我們不曾發現「每個新鮮事物的產生必然有一個原因存在」這樣的意見，那麼我們並不是從知識的海洋中探尋到，也不是從任何科學推理研究得來，就肯定是從對事物的觀察和經驗中得來。

其次的問題自然是：經驗如何產生這樣一個原則？不過我發現，將這個問題放到下面的問題更方便，即為什麼我們斷言：特定的原因一定有特定的結果，為什麼我們會有這種「由此及彼」的推斷？我們將此作為下面的研究題目。

而最後，也許我們能夠發現：同樣一個答案將能解決這兩個問題。

因果推理的組成部分

當我們的心靈依據原因或結果推理時，必定會摻雜著一些印象，或是一些與印象相等的記憶觀念；但也有少數人反對這個說法，但這並不影響我們對因果關係的研究。所以，因果的一切關係都不是從推理而來，而是從某種印象中得到。

當我們推理原因或結果時，並不是憑觀念推理，雖然推理時的視野擴展到所見、所忘記的對象之外，而絕不能完全看到那些對象。就算推理，也肯定混雜著一些印象，至少也混雜著一些與印象相等的記憶觀念。

當我們從原因推到結果時，一定要確立這些原因的存在；而要確立原因，只可能有兩種方法：或是經過記憶、感官的知覺，或是由其他原因推斷。我們必定以同一方式確定其他原因，以當前的印象、原因推斷，不斷推求下去，直到達到我們見過、記得的某個對象。

我們無法無限地推斷，而唯一可以停止推斷的是一個記憶印象或感官印象，而當超出了這些印象外，就沒有懷疑或探究的餘地。

為了證實這方面，我要用一個眾所相信的例子：凱撒在三月十五日在元老院被刺死。說明我們能夠選擇歷史上任何一點，並且觀察我們是為了什麼理由，相信或否定這樣的觀點。

由於上述這個事實，是依據歷史家的一致證據所確定，而這些歷史家都一致確定這個事件的確切時間與地點。有若干符號和文字呈現在我們的記憶或感官之前，我們也記得這些文字符號曾被當作某些觀念的記號。這些觀念，或是存在於行刺當下，並因這件事的存在使人們直接獲得；或是從別人的證據而來，而證據又是從另一個證據而來，這樣清楚可見地層層推進，直至到達那些目擊此事發生的人為止。

顯然，所有論證連鎖或因果關聯，最初是建立在所見過、所記憶的符號文字上，而如果沒有記憶或感官的依據，所有推理就是虛妄而沒有基礎。連鎖中的每一個環節都依靠另一個環節，但連鎖的頭卻沒有固定於足以支持全部連鎖的東西上，因而也就沒有信念或證據。一切假設性的論證或是根據假設進行的推理，實際上都是這種情形，它們中間並沒有任何先前的印象，或者對一個真實存在的信念。

也許有一部分人會持反對意見，說我們可以依據過去的結論或原則推理，而不求助於那些結論，以免被最初發生的印象干擾。其實，這對於現在的學說是不正當的反駁，因為這些印象即使已經完全消失在記憶中，所產生的信念依然能夠存在。

同樣真實的是：關於因果的一切推理，原來全是從某種印象中得來，正如理證的信據永遠來自觀念的比較，這種比較雖然已經被遺忘，信據卻依然持續存在。

理性與懷疑主義

任何一個代數學家或數學家，都不會在首次發現一條真理時就對之深信不疑，他們在科學上的造詣也無法如此精深。而通常，他們會在反覆證明的過程中，不斷提升對這個真理的信心。

在實際應用中，我們總是會在一些理證性規則上犯錯，我們不準確的官能極易違背這些原則，所以在推斷中一定要有新的判斷，以檢查最初的判斷。

任何一個代數學家或數學家，都不會在首次發現一條真理時就對之深信不疑，他們在科學上的造詣也無法如此精深。而通常，他們會在反覆證明的過程中，不斷提升對這個真理的信心。顯然，這種逐步加強的信念只是若干新機率的累積，而且來自於過去經驗與觀察因果的恆常結合。

對於對較長或較重要的帳目，商人總是很難相信記錄準確無誤。他們總是人為的計算，在超出記帳員的技術與經驗的推斷外，再推斷一種機率。

既然沒人認為對於一長串計算的信任應該超過概然推斷，所以我能確切地說：幾乎沒有一個數字命題能讓我們作出比概然推斷更加充分的保證。因為在逐漸減少數字後，我們很容易會將加法歸納成最簡單的問題，歸納成兩個單純數字的相加。

根據這個假設，我們會覺得：精確劃分知識與概然推斷的界線很困難。知識與概然推斷是極其相反、顯著分歧的兩種東西，它們無法在不知不覺中相互滲入，因為這兩者本身是完整而無法分割，而且必定完全存在或不存在。

一切知識都應歸結為概然推斷，並且最後都會變為與日常生活中的證據一樣。所以現在我們要考察關於它的另一種推理，看概然推斷是建立在怎樣的基礎之上。

像對於知識的判斷一樣，在關於概然推斷的每一個判斷中，我們應當永遠將從知性得來的另一個判斷，校正從對象本質得來的最初判斷。

毫無疑問，與愚昧無知的人相比，具有精確見解和豐富經驗的人，對自己的意見通常具有更大的信念，甚至對自己也有不同程度的威信；所以這就會產生一個新的概然推斷，校正調節第一次的概然推斷，確立正確的標準與比例。

既然我們在每一個概然推斷中，發現了官能弱點產生的一種新不確定性，而且已將兩者放在一起調整，那麼我們就被理性所迫，再加上一種新的懷疑，這種懷疑源於評價自己官能的真實可靠性，當中可能犯下的錯誤。這種懷疑會立即出現在我們面前，並緊緊追隨理性，使我們不得不解決。

任何有限的對象在無數次減少後，都不會持續存在。無論我們原來的信念有多麼強，在經過無數次考察及伴隨而來活力的削減後，都會無一倖免的消失無蹤。

相比於只考究自己推理的對象，對判斷易誤性的反省，讓我對自己更沒有信心。當我進一步檢視對官能一次接近一次的評價時，一切邏輯規則都要求我不斷削減信念，直至最後信念與證據完全消失。

自然憑著一種絕對而無法控制的必然性，不僅決定我們的呼吸與感覺，亦決定我們的判斷；因為某些對象與先前印象有習慣性的關聯，我們就會在比較強烈充分的觀點下看待對象。這就如清醒時我們無法阻止自己思考，或者是在明朗的陽光下無法阻止自己看到對象一樣。

對此，我可以作出這樣的假設：關於原因與結果的全部推理，都只是從習慣而來；而且確切地說，信念是我們天性中的感性活動，而不是認識活動。

我已經證明，有一些原則能讓我們對任何題材都形成一個判斷，並且憑著思考題材時運用的天才、能力與心境來校正那種判斷。這些原則在向前推進，並被運用於每一種新的反省判斷時，一定會連續減弱原來的證據，最後歸於無有，徹底推翻了全部信念與意見。

所以，信念如果只是一種單純的思考活動，沒有任何特殊的想像方式，或者說沒有一種力量與活潑性，那它一定會毀滅自己，讓判斷最終停頓。

在這裡，也許有人會問：即便依據我的假設，上面的這些論證不讓判斷完全停頓，那麼又是依賴什麼方式，使心靈對任何一個題材保留某種程度的信念？由於這些概然推斷與原始的判斷依賴依循同樣的原則，那麼好像無可避免一個結論：無論在哪一種情形下，它們都會推翻原始判斷，並因為各種相反思想或感覺的對立，讓心靈陷於完全不確定的狀態。

假設人們向我提出某個問題，我細想記憶印象與感官印象，並將我的思想從這些印象，帶到通常能與它們結合的對象上後，我就會感到某一面比另一面更強烈、更有力的想像，而這種強烈的想像形成我的第一個斷定。

假設我後來觀察自己的判斷力，並根據經驗斷定，有時它是正確，有時它又是錯誤，於是我認為自己的判斷力是被若干相反的原則或原因調節。這些原則有的得出真理，有的導致錯誤，在將這些相反原因相互抵消後，就憑著一個新的概然推斷，我對第一個判斷的信念被減弱。新的概然推理依然與前面一個概然推斷一樣，亦會減弱，且會無限地減弱。

這時又有人會問：為什麼在哲學或者日常生活中，還保留著足夠我們應用的信念？

其實，在第一次與第二次的推斷後，心靈的活動就變得勉強而不自然，觀念就變得微弱而模糊；雖然判斷力的原則與各個相反原則的抵消仍如起初一樣，可是它們加於想像與思想上的影響，或從思想上減去的力量，與先前已完全不相等。

當心靈無法從容快捷地達到它的對象時，一樣的原則就不會在比較自然想像各個觀念時產生同樣的效果。想像的感覺也與平時的感覺不成比例，注意力變得緊張，心情躊躇不定。精神因為離開了自然的途徑，所以支配精神運動的那些法則，也與它們在通常途徑中支配的法則不同。

對懷疑派採取直截了當的辦法，而不經過研究或觀察就將他們的論證全部排斥，很不可取。

最初處於主導地位的理性，以絕對的威勢與權力頒布規律、確定原理，與其對立的對象也被迫藏匿；但既然它被假設為與理性矛盾，那麼它還是能削弱理性的力量，直至兩者都在遞減中完全消失。

雖然懷疑的理性與獨斷的理性，兩者的作用和趨向都不同，但它們都同屬一類。所以當獨斷的理性強大時，懷疑的理性就就會作為勢均力敵的敵人出現，這使它們的力量一開始就對等，而兩者只要有一方存在，就會繼續保持這種狀態。

綜上所述，自然可以摧毀所有懷疑主義論證的力量，從而避免它強烈的影響知性；但除非它推翻了全部信念，並且消滅所有人類的理性，否則我們不會任其自行毀滅。

感官與懷疑主義

如果我們的感官提示出一個獨立存在的觀念，那麼它一定是藉著一種謬誤和幻覺，將印象作為存在物本身傳來。如果感官呈現印象獨立於我們之外，那麼對象與自己都應被感官明顯地感受到。

雖然懷疑主義者聲稱：無法透過理性來捍衛自身的理性，但他們仍繼續推理和信服；雖然自稱無法透過任何論證說明關於物體存在原則的真實性，但他們還是不得不同意這種原則。

那麼，究竟是什麼原因讓我們相信物體存在？

我們可以從感官談起。顯然，當對象不再出現在感官前時，官能無法產生讓這些對象持續存在的概念。所以，如果這些官能有任何影響，一定會產生一個獨立存在的信念，並將它們的印象表現為意象與表象，或將它們表現為獨立的、外界的存在。

顯而易見，因為它們只傳達給我們一個單純的知覺，而不用任何外在事物揭示我們，所以感官不會將印象呈現為一種個別、獨立的與外在事物意象；而雙重存在觀念的產生，也僅僅是單純的知覺藉著理性或想像的推斷才得以實現。

所以，如果我們的感官提示出一個獨立存在的觀念，那麼它一定是藉著一種謬誤和幻覺，將印象作為存在物本身傳來。如果感官呈現印象獨立於我們之外，那麼對象與自己都應被感官明顯地感受到，否則兩者便無法比較這些官能。所以困難就在於：我們究竟在怎樣的程度上才是自己感官的對象？

關於人格的同一性，關於構成一個人格那種結合原則的本質，是哲學中最深奧的課題。因此在這種情況下，設想感官真的可以區別我們與外界對象，很不切實際；不過也無須深入考察感官是否會欺騙自己，是否會區分我們的知覺表象與我們。

我們或者能撇開關於思想實體同一性的那個形而上學的問題，既然有些印象看起來是在身體之外，那麼我們就假設它們也是在我們的自我之外。

例如，現在我寫字用的紙，是在我的手之外，桌子又是在紙之外，房間的牆壁又在桌子之外。當我向窗外望去，又看到大片田野與房屋在我房子之外。由此或許我們能夠推斷說：除了感官之外，我們並不需要其他官能就會相信物體在外界存在。

對於我們的獨立性來說，我們的知覺永遠無法成為感官的一個對象。根據經驗，我們所得到的結論也非常不利於知覺獨立存在學說。當我們談到實在的、獨立的存在物時，我們注意的往往是存在物的獨立性，而並非是其在空間中的外在位置。

透過上述論證，我們可以得出這樣的總結：因為感官的活動無法超出其實在的範圍，所以感官並沒有給我們持續存在的概念。我們能夠斷言：感官永遠無法產生關於持續存在與獨立存在的信念。

既然所有印象都是內在的、忽生忽滅的存在物，那麼關於這些印象獨立與持續存在的概念，一定是由印象中某些性質的相互配合而發生。因此只要比較一下，我們認為獨立持續存在與內在忽生忽滅的印象，就能輕易地發現這些性質。

至此，我們之所以認為某些印象有一種實在性與持續存在，而不認為其他隨意或微弱的印象存在的原因，就很明顯了。這只是因為我們永不假設知覺外的情緒與感情，比我們假設永久存在物的形狀、大小、顏色與聲音等印象更加猛烈。

我們認為，一種持續存在的所有對象，都有一種特殊的恆定性，讓它們區別於依賴我們知覺存在的印象。不過這種恆定性並不是那麼完整，往往物體改變位置與性質，或稍稍離開、間斷後，就幾乎難以辨認。

但這裡能夠觀察到，即便在這些變化中，物體依然保持著一種一貫性，且彼此間有一種有規則的依賴關係；這是依據因果關係進行的一種推理基礎，而且產生了物體持續存在的信念。所以外界對象變化當中所有的這種一貫性，正像恆定性一樣，是外界對象的特徵之一。

既然物體持續存在的信念，依賴於某些印象的一貫性與恆定性，那麼這些性質又是如何產生那些奇特的信念？

我們認為飄忽易逝的那些內在印象，當中雖然也有某種一貫性或規則性，但那種一貫性與我們在物體方面發現的，性質上有所不同。從經驗中發現，我們的各種情感彼此相互關聯、依賴，但在外界對象情形就有所不同。那些對象需要繼續保持存在，否則極大程度上便會失去它們活動的規則性。

由現象一貫性得出的這個推論，雖然與關於因果推理的性質好像一樣，但在考察之後將會發現，兩者其實大不相同。

人們都會承認：除了心靈自己的知覺外，再也沒有其他東西真正存於心中。所以，如果不依賴知覺有規則的接續出現，便無法養成任何習慣。知覺中任何程度的規則性都無法讓我們能推斷出，某些不被知覺的對象中有更大的規則性。不過，每當我們由感官對象的一貫性與經常結合，而推斷其持續存在時，顯然就是賦予對象一種比單純知覺中觀察到的更大規則性。

前文曾有過這樣的論述：當想像被發動，進行一連串的思維時，即使對象不在面前，想像依然也會持續，就像一艘船被槳推動後，不需重新推動依然能繼續前進。顯然，這個原則能夠使我們堅持物體有持續存在的信念。對象在呈現於感官之前時，就顯示出一種一貫性，而如果我們假設這些對象能持續存在，那麼這種一貫性就更大、更一致。

不過，當我們已習慣於從特定印象中觀察到的恆定性時，便不易認為這些間斷的知覺不同，反而會因為它們的類似而認為它們是同一個體。

通常為了擺脫這個困境，我們就極力防止這種間斷，或不如說完全將它消除，就是透過假設這些間斷的知覺，被我們所未能察覺的一種實在存在關聯起來。而因為我們記得這些持續的印象，所以這種持續存在的假設或觀念，就從這種極易改變的傾向中獲得一種力量與活潑性。

對於以上體系的證明，有四個條件必不可少：

第一，要說明個體化原則，或者同一性原則；

第二，要舉出理由，說明我們持續與間斷的知覺相互類似，以及我們為什麼賦予它們一種同一性；

第三，要說明這個幻覺產生的傾向，即同一種持續存在聯合這些持續現象的傾向；

第四，最後說明，那種傾向產生的想像力量與活潑性。

總之，個體化原則，只是一個對象在一段假設時間變化中的不變性與不間斷性，藉著這種性質，心靈便可以在對象存在的不同時期追溯它，不需中斷它的視線，也不需被迫形成一個重複或多數的觀念。

人類最初的宗教

人類從遠古的無知到如今繁盛的文明，是在不斷完善的秩序中逐步建立，人類在最初階段，一定也信奉著某種習以為常的觀念。

我認為，如果我們想要了解人類社會從古到今、從原始到文明的演變過程，就要知道多神教或偶像崇拜一定是人類最早、最原始的宗教；而這一推論，我將用以下論證證實。

一個無可爭議的事實是：早在約一千七百年前，所有人類都是多神教徒。對此，只有少數幾個哲學家抱持懷疑的態度；的確，或許真有一兩個民族只信仰一種宗教，但是並沒有任何證據能反駁。

讓我們看看歷史記載，越是久遠的記載，越能發現人類沉溺於多神論中。那麼我是否可以推論：在文字、任何科學藝術都尚未出現時，我們的祖先普遍都是多神論教徒呢?也許在那個野蠻時期，祖先在生活實踐中摸索出了真理；可是在我們這個文明社會中，當人們學會禮節知識後，卻更容易迷失。

在美洲、非洲和亞洲的野蠻部落，都提倡偶像崇拜，而為什麼會這樣?當一個旅行家踏上未知領土時，他發現那裡的人普遍都很有教養，但即使如此，旅行家也不一定會猜測他們是有神論教徒；可是如果他發現人們是無知野蠻，會立刻宣布他們是偶像崇拜者，並且會對這個結論非常自信。所以在這一判斷中，你不僅與所有表面上的現象矛盾，而且也與我們關於野蠻民族的看法不同。

綜上所述，人類從遠古的無知到如今繁盛的文明，是在不斷完善的秩序中逐步建立，人類在最初階段，一定也信奉著某種習以為常的觀念。

早在遠古時期，人們普遍認為神是一位具有超強法力、擁有人類的七情六慾、無所不能且無所不在的人。就像人們幻想住在簡陋的茅屋、棚屋之前，就能一步登天住進宮殿，或者農民在種田前充分研究過幾何學一樣荒謬。

心靈由低級向高級逐漸攀升。在抽象思考不完善物後，形成一種完善的觀念；同時，人們往往把最優秀的部分展示給公眾，可是人們卻把這種昇華移置到了神身上。

任何事物都無法干擾人們思想的這一自然規律，除了某個顯而易見且無可辯駁的論述外，都可能直接把心靈導向純粹的一神教原則，並使它輕易跨越了人性與神性的巨大鴻溝。當我們精確考量它的時候，我承認宇宙的秩序和框架符合這一論述，除非某個事實或者事件能說明神並不是人們想像的樣子，否則很難推翻。

我不知道這種思考對他們有什麼影響，可我絕不相信能影響到人類最初形成的粗陋宗教。

有些我們本應該很重視的對象，卻被我們忽視，雖然他們都有異乎尋常的行為，可是我們卻沒有重視，也並不好奇。

正如米爾頓描繪的那樣：亞當在伊甸園中頓然清醒，並具備了完善的本領，他肯定會驚異於自然的燦爛景象：天堂、蒼穹、大地、自己的四肢五官。由此他必然會詢問這一精彩的圖景從何而來？當一個野蠻時代的人，受累於生計需求和情慾時，哪裡有閒情雅緻讚美眼前的大自然？如此，更不可能探究他從小到大已習慣的潛規則背後的原因。

相反，自然越是有規律，即越完善，人越會習慣它，也就越不會詳察它。故一次驚天駭地的誕生會激發他的好奇心，被他視為一種奇觀，使他顫慄、獻祭和祈禱。

一隻四肢健全的動物對人類來說，是再平常不過的對象，無法讓人湧起任何信仰或者感情；而若你問他，這個動物從何而來？他會立即告訴你：從牠父母的交配而來。如果你問他，宇宙體系從何而來？他只能無語。別想從他那裡獲得你想要的答案，因為他不會為了一個如此超出他能力的問題絞盡腦汁。近在眼前的對象泯滅了他的好奇，以致完全忽視。

如果說信仰在最高點存在，而且人們一開始就根據自然框架推理獲得，那麼他就絕不可能放棄這個信仰，轉而信奉多神教。任何首次發明和論證，都要比支持維繫它困難得多。

歷史記載和我們的思辨性意見相差懸殊，傳承的方式各有千秋。當一個歷史事實，由親歷者和同代人口耳相傳，在每一次前後相繼的敘事中，都會被演講者修飾，也許最後只保留了很少的事實真相，而這些在論述和推理中幾乎無足輕重，也無法證實曾經的真相。

俗話說得好：「好記性，不如爛筆頭。」人的記憶力有限，人們還往往喜歡誇大事實真相，懶惰粗心的毛病也如影隨行，如此很容易就扭曲歷史事件的真相。

正因如此，人們總以為海格力斯、忒修斯、戴歐尼修斯的傳說最早是基於真實的歷史；可悲的是，真正的歷史真相早就被口述者無心地破壞掉了。但就思辨而言，又是另外一回事。

有些特殊且清晰到足以讓多數人信服的論述，都源於其基礎簡明，這些意見也將因此而保留最初的純粹；但如果這些論述普遍民眾無法理解，或是過於深奧、遙遠，就只能留存於少數人中。而如果這些少數人在經歷一些磨難後也放棄了沉思，那麼這些意見將很快被人們遺忘。

不管我們選擇這兩難困境的哪一方面，一神教絕對不可能透過推理成為人類最初的宗教，故也不可能由於它的敗壞孕育出多神教以及異教世界的所有迷信。

誠然，如果我們想阻止這樣的敗壞延續，就必須在其變得深奧晦澀時制止，並讓大眾知曉它的原則；否則，最終它們仍可能左右我們的意見。

多神教的起源

信仰多神教的民族中，並沒有哪個民族的宗教信仰是從大自然而來，而都源於對生活事件的關切，源於激發人類心靈發展的希望和恐懼。

既然人類最初的宗教是多神教，那麼多神教的起源是什麼？

人們只會信奉一種唯一存在的觀念，就像當人們面對大自然時，會感嘆那種不可見的智慧，人們還會根據有規則的計劃或相互關聯的事情，協調它的體系。

「物以類聚，人以群分」，性情相投並有超凡智慧的獨立個體，總會共同籌劃一項有規則的計劃，這在他們看來，並非完全荒謬。但這也僅僅是武斷的假想，即使我們承認這種假想有可能，也必須坦言它既缺乏機率的支持，也缺乏必然性的支持，就像宇宙中的一切事物顯然都只是一個片段。

一切事物都相互協調，整個宇宙也貫穿著一種設計，這種協調不得不使人們承認，心靈是唯一的創造者。各個不同的創造者在沒有辯清各自的貢獻時，只會為人類帶來更多的疑惑和猜測，從而無法讓人們的理性感官滿意。

從老普林尼那裡我們可以了解到：拉奧孔的雕塑是三位藝術家合作的作品。但如果我們從未聽說，這個作品是由三個人共同完成的呢？按我們的思維慣例，永遠也不會想到居然不只一位藝術家。由此可見，將單一結果歸於若干原因的聯合作用，的確不符合人們的思維習慣。

現在的人們都生活在各種矛盾中，如果我們再對大自然棄之不理，必然會導向多神教，最終讓人類承認有法力無邊和不完善的神。

很多生物都依靠陽光生長，而暴風雨有完全摧毀牠們的能力；很多生物依靠風雨的滋潤而生長，而陽光也有著完全摧毀牠們的能力。一個民族可能在戰爭中勝利，氣候的惡劣卻為他們帶來飢荒；疾病和瘟疫可能會使人口銳減，削弱一個人口過度膨脹的王國。而一個當下戰勝敵人的民族，可能不久就會被更強勁的對手征服。

總之，事件的運行，或者所謂的天意，都充滿了如此多的變數，以至於如果假設它接受任何理智的安排，就必須承認在設計意圖中有一種矛盾，有一種相反力量的持續衝突，以及因為無能或輕率導致的悔改或變化。

每個民族都有它的守護神，每個元素都受制於不可見的力量或能動力，每個神的統轄領域都不同。即使是同一個神，在不同時空的行事方法也變幻莫測，也許今天還會保護我們，明天又會放棄我們。神觀察人們祈禱、祭祀、儀式的表現，來決定對你的眷顧或是敵意，並由此為你帶來好運或厄運。

信仰多神教的民族中，並沒有哪個民族的宗教信仰是從大自然而來，而都源於對生活事件的關切，源於激發人類心靈發展的希望和恐懼。

因此我們不難發現：所有偶像崇拜者，在區分眾神的統轄領域後，都會訴求於那看不到的力量。人們直接服從於祂的權威，而祂則在其統轄領域內主管他們的行動。

在婚姻問題上，朱諾受到人們祈求；在分娩問題上，則是露吉娜受到人們祈求。海神涅普頓接受航海人的祈禱；戰神瑪爾斯接受戰士的祈禱。農夫在喀瑞斯的保護下耕種他的土地；商人承認墨丘利的權威。在人們看來，他們理智的能動力支配著生活中每一事件，他們每一個祈禱或感恩的對象，都是生活中的幸事或是不幸事。

我們不得不承認，要使人們注意力不被當前事物的進程吸引，或是說將人們的注意力引入一種不可見的理智力量的推論中，他們就必須被調動；而要完成這種調動，就需要能夠激發他們思想和反思的某種激情，需要能夠促使他們著手探索的動機。

為了解釋能夠產生重大結果的這個作用，我們應當訴諸什麼樣的激情？顯然不是思辨的好奇心，也不是對真理的純粹熱愛。對於如此粗淺的理解能力，這樣的動機顯然過於高尚；這些動機會推動人們開始探究自然的框架，可是該主題對於他們有限的能力來說又太龐大、太全面了。

所以我們可以設想，對這些野蠻人有效的激情，莫過於那些普通的人類生活感情：如對幸福的熱切關注、對未來悲慘生活的擔憂、對死亡的懼怕、對復仇的渴望，以及對食物和其他必需品的慾望等等。

人們心中總會懷有對美好生活的渴望和對不幸事件的恐懼。當人們恐懼時，總會表現得心神不寧，並且這種心神不寧的狀態，也會促使人們以一種恐懼的好奇心，觀察未來各種原因，發現生活中的矛盾。像初生嬰兒第一次睜開雙眼看世界一樣，他們在這幅混亂無序的景象中，似乎隱約看到了神性。

眾神與世界的創造者

在無神論者的腦海中，神根本不存在，世界誕生之時就沒有設計神，也沒有想設計。所以在無神論者心中，心靈或思想才是首要法則，至高無上的統治根本不存在。

眾所周知，神學界有一個被絕大多數人認可的觀點：這個世界上存在著不可見的理智力量。但具體來說，這個觀點在各個神學派系中又有著很大的區別。

例如：這種理智力量到底是至高無上，還是處於從屬地位？到底是局限於一個存在，還是分散於若干存在？這些存在又有哪些屬性、特質、關聯或行動原則？諸如此類的問題，在各種神學體系中說法不一。

文藝復興以前，歐洲人的祖先跟我們今天一樣，相信存在著一個至高無上的神、自然的創造者。祂的力量不受控制，但執行其神聖意旨的天使和他的下屬們，卻經常影響到祂。

而他們也相信：自然充滿了其他不可見的力量：仙女、妖怪、侏儒、精靈等，比人強大有力，但又比圍繞著上帝鑾駕的天界萬物低劣得多。

現在我們假定：在那個年代，有一個人否認了上帝及天使的存在，難道他的不虔誠不應得到一個無神論的頭銜嗎？——即便經由某種古怪無常的推理，他仍然承認關於小矮人和白雪公主的民間故事，也是以現實的故事為依據。

顯然，對於這樣一個人來說，其與一神教徒的區別，無限大於拒絕一切不可見理智力量的人，即與無神論者的區別。而且僅僅從名稱的偶然類同出發，在缺乏任何意義的一致性情況下，將這些對立的意見歸於同一個稱謂，也是錯誤的。

只要認真思考上述問題，任何人都會認為：作為人類祖先的小矮人或仙女，總是比多神教徒的諸神好得多。而且在他們看來，真正虔誠的敬奉也屈指可數。其實，這些假冒的宗教家都是一些迷信的無神論者，他們根本不承認存在任何與神相對應的東西。

在無神論者的腦海中，神根本不存在，世界誕生之時就沒有設計神，也沒有想設計。所以在無神論者心中，心靈或思想才是首要法則，至高無上的統治根本不存在。

人們祈禱、敬仰神，但是當人們的祈願沒有實現的時候，多數人都會對自己信仰的偶像拳腳相加。

薩米人的眾神是遇到的任何一塊形狀奇特的巨石；埃及的神話學家為了解釋動物崇拜，說眾神原先被敵人所生的人類暴力驅趕，被迫以野獸的外形偽裝自己；日耳曼人曾對凱撒說，不朽的諸神也不是蘇維威人的對手；卡烏努斯人，一個亞細亞的民族，由於拒絕承認陌生的神，他們會在特定的季節聚在一起，用長矛刺向天空，以這樣的方式進攻邊境，據他們所說，這樣的做法是為了驅趕外來的眾神。

朗基努斯曾經說過：任何古代著作中，都能看到神的粗暴表現。所以如果嚴格的考量，其中都含有一種無神論的意義。如荷馬筆下，狄俄涅對被狄俄墨德斯弄傷的維納斯說：許多厄運是諸神施於人類，而作為報應，許多的厄運又是人施於諸神。

雅典人是那麼迷信，對大眾宗教是那麼忠誠，以至於他們因懷疑蘇格拉底不信神而把他處死；可是令人震驚的是，阿里斯托芬的不虔誠並沒有為他帶來厄運，反而得到了雅典人的寬容，他的戲劇甚至得以公演，並得到了人們的喝采。

但這些作者卻沒想到，那位喜劇詩人筆下諸神滑稽隨意的形象，正是古人把握他們的神時真正的眼光。還有什麼行為，能比朱比特對安菲特律翁做的事情更加罪惡卑劣？

然而，這部表現英勇行為的戲劇卻被認為非常契合民情，以至在羅馬時期，往往國家遭到瘟疫、飢荒或其他大災大難之際，由公共權威機關批准公演。因為羅馬人覺得這部戲劇更適合於奉承他們的虛榮心，就像所有好色之徒一樣，他們對這部進述英勇之舉和堅定氣概的演出情有獨鍾。

戰爭時的拉塞達埃蒙人，總是早起祈願，希望在敵人還沒來之前，神能保佑自己平安；我們也可以從塞內卡那裡推斷，對於神廟裡的善男信女來說，賄賂司禮和執事很稀鬆平常，因為這樣就可能得到一個靠近神像的位置，以便祈禱能最清晰地被神聽到。

提爾人在被亞歷山大大帝圍困時，就在海格力斯的雕像綁上鎖鏈，防止這個神投奔敵人；奧古斯都在兩次被暴風雨奪去艦隊後，禁止人們將涅普頓同其他諸神抬在遊行隊伍中，並想像自己已透過這種權宜之舉報了仇。當神不能完成人們的祈願時就會遭到擊打，就像在戰爭中死去的傑馬尼庫斯一樣，人們公開宣布對神的效忠到此為止，並向他們曾經崇拜的神像投擲石塊。

任何多神教教徒或偶像崇拜者，從不會在他們的想像中將宇宙的起源和構造，歸因於這些不完善的存在。

海希奧德的作品與荷馬一樣，也論述了天界的經典體系，認為諸神與人類都同樣來自自然的未知力量。在他的整個神譜中，只有潘朵拉是唯一被創生或自願孕生的存在，而她也僅僅是因為諸神對普羅米修斯的憎恨（他為人類提供了從天上盜來的火）而被創造。

的確，古代的神話學家似乎都有世代衍生的觀念，而非創造生命，他們也藉此來解釋宇宙的起源。

奧維德生活在一個博學的年代，而且接受過哲學家以神創生世界為原則的教導。他發現：這樣一種觀念與他講述的民間神話不一致，以一種鬆散的方式與他的體系脫節。究竟是那一個神？他說，究竟是哪一個神中驅散了混沌，並把秩序引入宇宙？他知道既不會是農神薩圖恩努斯，也不會是朱比特，更不會是海神涅普頓，或是異教普遍接受的任何神。他的神學體系沒有教給他任何這方面的知識，最終他只能拋下這個問題。

狄奧多羅斯在他著作的開篇，就列舉了關於世界起源一些很有道理的看法，可他同樣沒有提到神或理智的心靈；儘管從他的經歷來看，他顯然更傾向迷信，而不是無信仰。

狄奧多羅斯也談到印度的一個民族——食魚族。他說，既然在揭示他們的世系問題上存在這麼大的困難，我們就必須斷定他們的身世。他們的世代衍生沒有開端，而是從永恆中繁衍出他們的種族，就像有些生理學家在考察自然起源時觀察到的那樣。

這位歷史學家接著說：「但是，在這種超乎人類能力範圍的主題上，往往是說得最多的人知道得最少，他們在推理中只觸及了似是而非的真理表面，卻離真理和事實很遠。」

哲學家中，第一位有神論者的提出者是阿那克薩哥拉；但令人奇怪的是，他竟也被歷史譴責為無神論者。可是持有天體演化論的泰利斯等人，卻未受到任何質疑，這種奇怪的現象究竟是為什麼？

因為在古代，有關世界起源的問題也只是偶然地進入到宗教體系，被神學家涉獵；若要等到哲學家提出這一類體系，且這些體系訴諸於萬物始因的最高精神，要很久以後才發生。

我們從塞克斯圖斯．恩丕里柯獲知，伊壁鳩魯幼年師從海希奧德，當他讀到「萬物中的最年長者，混沌最先湧現；其次是大地，它廣闊地延伸，為一切的座椅」這樣的詩句時，這位年少的學者第一次顯露出追根究柢的精神。

伊壁鳩魯問道：混沌又是從何而來？他的老師告訴他，要想知道這個問題的答案，必需求教於哲學家。在這個提示下，他放棄了語言學和其他一切研究，轉而投身哲學，希望在哲學中可以找到這些崇高問題的答案。

由此可知，既然連語言學家和神話學家都幾乎沒有任何突破，普通人就更不可能推進這種研究。而且那些對此類話題很有見解的哲學家，也只能滿足於最膚淺的理論，承認諸神和人類的起源都來自黑暗和混沌，來自水、氣或者他們認為具有支配作用的元素。

在人們的思維中，諸神一直是依賴自然力量而存在，而不單是在起源的時候。阿格里帕對羅馬人民說：「在那必然性的力量面前，即使諸神也必須服從。」

曾有人說，維蘇威火山第一次爆發後形成的黑暗、恐懼和混亂期間，很多人就斷定，自然界的一切都在走向毀滅，諸神和人類也正在一場共同的崩潰中趨於滅亡。這個說法到很好的呼應了上述觀點。

將如此不完善的宗教神學體系與後來的體系相媲美，讓我無法接受，即使是馬可·奧理略、普魯塔克等斯多葛學派和柏拉圖學派，他們比異教迷信精確得多的信條，我也無法認可。因為如果說，異教神話與古代歐洲在排除上帝和天使後，留下的仙女和精靈的精神體系有所類同，那麼這些哲學家的教義，也可以說是排除了唯一的神，只留下天使和仙女。

寓言與英雄崇拜

荷馬和其他神話學家作品中的寓言，往往顯得牽強附會，以至於有見識的人都會完全抗拒它們，認為它們只是批評家和評論家幻想出來的產物。但不可否認，只要稍加思考，就會明白寓言在異教神話中確實占有一席之地。

現在為了確認多數人信奉的粗陋多神教，是否從人性發展而來，就要追溯到人性根源的不同化，而最後的結果又恰恰呼應了這一點。

不管透過何種論述認識到世界上存在著不可見的理智力量，必定是從自然生物、景觀中得到啟發從而創造，並認為很神聖。但庸俗的多神教徒根本不會承認這一點，他們神化宇宙的每一部分，並且設想一切可見的自然產物，就是許許多多的神。

根據他們的體系：太陽、月亮和星星都是神；山泉有仙女居留，樹木有樹神棲息；甚至猴子、狗、貓和其他動物在他們眼裡也變得神聖，激起他們宗教意義上的敬畏。

不管人類多麼虔誠地信奉那種看不到的力量，但當他們無法解釋某些表象時，不得不把這種不可見的力量與能見的某種事物混為一談。

在多神教教徒的心中，不同的領域由不同的神掌管，並把物質和道德上的寓言融會到多神教體系中。戰神自然表現為狂暴、殘酷和衝動；詩神則優雅、禮貌而可親；商神，尤其是在早期年代，則偷偷摸摸、欺詐成性。

我承認，荷馬和其他神話學家作品中的寓言，往往顯得牽強附會，以至於有見識的人都會完全抗拒它們，認為它們只是批評家和評論家幻想出來的產物。但不可否認，只要稍加思考，就會明白寓言在異教神話中確實占有一席之地。

邱比特是維納斯的兒子；繆斯女神是記憶之神的女兒；普羅米修斯是聰明的兄長，而艾比米修斯是愚蠢的弟弟；許癸厄亞或健康女神由埃斯庫拉庇烏斯或醫神所生。在這些及許多其他例子中，有誰看不出明顯的寓言痕跡？所以當人們遭遇事情時，必定想到會有這方神靈的主宰，使人自然地契合於心靈。

有誰告訴我們詼諧神是維納斯的女兒？誰又告訴我們恐懼和恐怖是戰神的孩子，並且也是維納斯所生？又有誰告訴過我們睡神是死神的兄弟？這些答案都無法從那些構思巧妙、廣泛流傳的寓言中找到。但我們不能否認這些完善的作品擁有很好的技藝，也不能否認這樣完善的寓言就是無知和迷信的泉源。

作為伊比鳩魯信徒的盧克萊修，也曾被這些寓言所矇敝。他剛開始提到了維納斯，把她當作孕育的力量，認為她使宇宙生機勃勃、煥然一新；可當他祈求這個寓言中的主角去撫平戰神的怒火時，卻差強人意，這時候盧克萊修陷入了前後矛盾的境地。

在多數人眼裡，神的力量不及人類，但為什麼又會去信奉它?原來，當人們想去感恩某個英雄或某個曾經施惠大眾的人時，就會去敬奉他。如此就不難看出，人們為了得到心靈上的安穩而把他神格化，並以這樣的方式為天堂增添新的人類成員。需要特別指出的是，一個人被尊奉為神後，又經過了詩人、寓言家還有教士對他們的昇華，一方面會被人類的口述傳統敗壞，另一方面也會抬升他的歷史地位，從而使真實的歷史成了傳說豐富的靈感來源。

不僅是詩人、寓言家和教士，就連畫家和雕刻家也有參與。

畫家和雕刻家為眾神披上了人類的形象，並助長了大眾的奉獻，決定奉獻的對象，使大眾有一個視覺上的認知。所以圓錐形的埃拉伽巴路斯石像，絕不會被當作太陽神的象徵，更不會成為頂禮膜拜的對象。

更加可笑的是，雅典的斯提爾波曾遭到最高法院的放逐，他只是說過城堡裡的雅典娜不是神，只是雕刻家菲迪亞斯的一個作品，就讓他飽嘗了牢獄之災。連雅典的最高法院都信奉如此粗俗錯誤的觀念，更不用說其他民族裡俗眾的宗教信仰能保持應有的理性。

所以說，這些多神教的信條，並不會因為性情的反覆和事件的偶然性而改觀，這些信條已植根於人，不會隨外界的變動而改變。

由於降下禍福的原因都鮮為人知、也非常不確定，因此人們就焦急的試圖獲得禍福的確切觀念。我們會發現，最方便的莫過於將神描繪成與人類一樣的理智自覺能動者，只不過祂們在力量和智慧上略勝一籌。

這些能動者的影響力有限，而且也有人性的弱點，由此分割了祂們的權威，也促使了寓言的產生。

這些信條的存在，自然會使俗眾把高人一籌的特異人士視為有力量、有勇氣的英雄崇拜，並綜合成傳說和神話。大眾更願意從顯而易見的事物尋找答案，可能從雕像、圖畫、肖像中。無論怎麼說，俗眾對於不可見的精神性心智對象來說，顯得過於精緻了。

希臘和羅馬的旅行家和征服者，都會在那裡找到他們的眾神。他們會指著神說：「這個是戰神，這個是海神，那個是維納斯。」無論他們看到什麼神，即使是陌生的神，總能給這個神冠名。就像塔西佗說的那樣：「我們的女神赫莎，就是我們盎格魯薩克遜先人的化身，而羅馬人卻是大地女神蓋亞的化身。」

又有誰能反駁他的推測呢？

關於懷疑或篤信

傳說、神話宗教，和一個系統的學院宗教，本質的區別在於：傳說和神話不會自相矛盾也沒有荒謬之處，人們更願意相信它，同時不會被影響，更不會讓自己的大腦被掌控；而系統的學院宗教則恰好相反。

我們身邊總有這樣的人：他們對歷史懷疑，對一切事物懷疑。他們斷言，任何民族都不可能相信過像希臘和埃及異教那樣荒謬的信條。

岡比西斯就持有類似的偏見，他非常不虔敬地取笑、甚至中傷埃及人偉大的阿匹斯，依他世俗的感覺，那只不過是頭帶斑點的巨牛而已。

但希羅多德很公正地將這句興之所至的俏皮話，說成是瘋狂和失常所致。這位歷史學家認為，每個民族都有屬於自己的東西，而且不容侵犯。所以這位歷史學家接著說道，他自己絕不會公開冒犯任何已經存在的崇拜。

毫無疑問，羅馬天主教是個十分有學識的宗教派別；然而，阿拉伯人伊本．魯世德卻否認這點。在伊本．魯世德看來，信徒被宗教創造出來後，竟吃掉了自己的神，再也沒有比這一點更荒誕不經的了。

沒有哪個教義會比領聖餐更荒謬可笑，並且這個笑柄已經超出了人們辯論的範圍。但是有些可笑的故事卻是天主教徒親口所說，雖然這有瀆神之嫌。

有一天，一個教士不留神，把落在聖餅之間的一塊籌碼木當成了麵包，交給了信徒。這個信徒耐心等了一段時間，期望木頭會在舌頭上溶化，但卻發現它仍然保持原樣，於是就把它取下來；更令人啼笑皆非的是，這個人對教士說：「你有沒搞錯呀，您是不是把主教給了我？如果沒有，為什麼這個麵包那麼硬，我根本沒有辦法吞下去？」

在巴黎的醫院裡，有位在莫斯科服役而受傷的著名將軍，他還帶來一個被他俘虜的土耳其年輕人。而索邦神學院裡與君士坦丁堡苦修教士一樣的學者，看到這個年輕人因缺乏教養而遭到咒罵，故許諾給他此生大量好酒，死後能升到天堂，以此引誘他信奉基督教。對於年輕人來說，這樣的誘惑太大根本無法抵抗，所以他同意了。

他被這些學者帶去洗禮和享受主的晚餐，但牧師還是不放心對他訓導了一番，才覺得一切穩妥。第二天見面，牧師詢問他一些普通的問題：

「有幾個上帝？」「根本沒有。」班尼迪克回答，這是年輕人的新名字。

「什麼！根本沒有？」牧師驚叫。

「當然。」這位誠實的改宗者說：「你一直告訴我只有一個上帝，可是昨天我已經把他吃了。」

如果要說服某些民族「任何兩條腿的被造物都可以信奉基督教」這樣的教義，幾乎不可能。雖然這些民族的宗教信條中也有荒謬的存在，但是他們卻絕對虔誠，且贊同那荒謬的內容。

我曾經與突尼斯的大使同住一個巴黎的旅館，他曾在倫敦住過幾年。一天我看到這個摩爾人閣下，正俯瞰沿路駛過的華麗馬車。這時他突然看到，幾個未見過的突厥人嘉布遣小兄弟會修士，令他震驚的是，嘉布遣小兄弟會修士的形象怎麼會如此古怪，雖然他已習慣歐洲人的穿著，還是感到驚奇。如果說這位大使館的教士捲入聖方濟各會修士的爭執，也在預料之中。非洲人纏頭巾的習慣與歐洲人的頭巾相比，沒有好壞之分，但他並沒有這樣的觀念。

有位博學的博士說：「貓和猴子是多麼奇怪的崇拜對象。」天主教徒對他（一個賽斯的教士）說：「那你怎麼可以崇拜韭菜和洋蔥呢？」教士諷刺地說：「如果我們崇拜它們，我們是不會吃它們的。」博士回答道：「它們至少不比殉教者的遺物或腐骨差。」天主教徒仍心有不甘的說道：「為了究竟是喜歡高麗菜還是黃瓜的問題，你就要置別人於死地嗎？這不是瘋了？」異教徒肯定地說：「是的。」但接著他又說：「倘若你也坦言，那些為了在一卷卷詭辯中喜歡哪一個的問題——萬冊的詭辯也比不上一顆高麗菜或一根黃瓜——而爭論不休的人更加瘋狂，我就承認。」

當一個人頑固忠誠於被教導的那些信條，必定源於民間宗教，同時從中揭露別的體系的荒謬，雖然這樣的人只是極少數。但由於這種確信知識的基礎沒有廣為人知（這樣也許更好），人類就擁有足夠的宗教狂熱和信念。

西西里的狄奧多羅斯提供了一個值得注意的例子，他自己就是見證人：

當埃及屈服於羅馬聲望的震懾時，一個羅馬軍團士兵無意犯下了屠貓這一瀆埃及神和不虔敬的罪行。全體埃及人民都憤起控訴他，即使國王竭盡全力也救不了他；而我相信，那時的羅馬人對於他們的眾神絕不會這麼斤斤計較。在這之後沒多久，羅馬人就投票為奧古斯都設置了一個神位，假如有所要求，他們甚至願意為了奧古斯都廢黜天上的神。

現在，我們有了一個作為神的奧古斯都。賀拉斯曾這樣說過，這是非常重要的一點：「在其他民族和其他時代，同樣的情況在人們看來，不會是全然無關緊要。」

西塞羅曾在其著作說過：埃及人什麼樣折磨都可以忍受，唯一不能容忍傷害鳥、貓、狗或鱷魚。正如德萊頓所說的那樣：「無論什麼樣的神，不論祂是木塊還是石頭這樣不起眼的出身，奴僕在捍衛祂的時候都會奮不顧身，彷彿祂生來就被我們信奉。」

而且，組成神的物質越卑微，被迷惑的信徒越能激起高漲的奉獻精神。他們不顧羞恥地歡呼雀躍，為了神大膽嘲弄和侮辱祂的敵人，向神邀功。一萬名十字軍戰士聚集在聖旗之下，公開宗教中敵人感到最可恥的部分，他們卻為此得意洋洋。

毋庸置疑，在埃及的神學體系中存在一個困境：按照埃及人的繁殖方法，一對貓在五十年內後，牠們的後代就會填滿整個王國；倘若人們依舊信奉牠們，那麼二十年後，在埃及找一個神就會比找一個人更容易——這就像佩特羅尼烏斯所說，義大利某些地方的情況。如果真是這樣，諸神最終肯定會讓人們全都餓死，既不會留下教士，也不會留下信徒。

也許這個以智慧著稱的民族已預見了未來，所以只保留崇拜的神。而神的卵子和幼小的神，則被他們毫不留情地扼殺，並且沒有感到良心不安。為了世俗利益而扭曲宗教信條，絕不應出現在我們這個時代。

奧古斯丁是個激動、狂熱的人，他曾對博學且好學的瓦羅提及：在論述宗教時，絕不論述任何超出可能性和外在表現之外的東西。他的質疑謹慎地侮辱了這位高貴的羅馬人，同時明確了自己的信仰。

令人驚奇的是，與這位聖徒同時代的一個異教詩人卻說道：「寧願相信孩子，也不會相信奧古斯丁所信仰的宗教體系。」因為他覺得此體系謬誤不堪。

當錯誤如此普遍時，每個人卻都冥頑地相信教條，這難道不奇怪嗎？難道宗教的狂熱常與錯誤成比例增長嗎？斯帕蒂阿努斯說：這時候猶太人也發動了戰爭，因為他們被禁止施行割禮。

西塞羅時代的羅馬如果不信教，肯定會公開建立其王權，而西塞羅就會是最公然的舉止教唆者。雖然這位偉人在公開的著述和哲學言論中對宗教抱持懷疑，但在家庭中，在他高度信任的妻子特倫提亞面前，他成為一個虔誠的宗教家，並會讓他的女人去給阿波羅和埃斯庫拉庇烏斯獻祭，感謝兩位神靈保佑他康復，並且在日常生活中不會褻瀆神靈。

和西塞羅比起來，龐貝要虔誠得多。在內戰時期，龐貝對占卜、做夢和預言都充滿了無限敬意，奧古斯都則沾染了各式各樣的迷信，例如有人認為彌爾頓的詩藝天賦，在春天時無法流暢的發揮；奧古斯都也同樣注意到，他在春天時很難做夢，而在其餘季節也不怎麼靠得住；當他碰巧將右腳穿進左腳的鞋子裡時，這位偉大而幹練的皇帝就會顯得極端不安。

古代信徒的既存迷信，無疑與現代宗教的信徒一樣多。迷信的影響非常廣泛，雖然說古代國家的迷信教徒沒有現代教徒這樣偉大，仍有許多人贊同它；但不管怎麼說，這種贊同也比不上現代教徒的嚴格和肯定。

所有迷信都有著教條的影子，所有時代的宗教家都是偽裝的，而真實的極少，更不用說生活中普通事物主宰我們的那種堅實信仰了。虛偽的人們雖然對教條中許多內容存有疑慮，但為了掩飾內心，往往會以堅信自居，並透過信誓旦旦的承諾偽裝不虔信的事實；但大自然使他們的一切努力都枉費心機，她不會允許那陰暗區域閃爍的黯淡之光，與常識和經驗的強烈印象抗衡。

人類大多是虛偽的動物，而一旦虛偽的面具被摘下，是多麼可怕的事情！這是人類行事的規律，這一規律也暴露出言辭的虛偽，他們相信，這些教條是心靈擺盪於不信和篤信間的真實寫照；可悲的是，不信要比篤信的人多得多，所以人們一些難以理解的行為也就不難解釋。

由於人類心靈的構造是如此鬆散、不穩定，以至於即使現在有如此多的人不斷用鑿子、錘子敲打，依然沒有能力將神學的信條銘刻為恆久的印象；而在古代，當神職的扈從相對現在少得多，情況更是如此。難怪那時許多外在現象會如此不一致：人們在有些場合看似是堅決的不信教者，看似是既有宗教的敵人，然事實上又並非如此，或至少他們並不那麼了解自己的心靈。

古代宗教比起現代宗教更加鬆散，原因是古代宗教是由傳說而來，現代宗教卻是有記載，而傳說中有些情節自相矛盾，也無從考證，所以不能成為任何教規，或者是任何信仰的條文。何況神的傳奇故事層出不窮，雖說每個人都會相信故事中的某個部分，但沒有人會相信全部，只認為它是故事而已。而同時所有人都必須承認：沒有哪個部分比其他部分更站得住腳。

不同城邦的傳說在許多情況下也直接對立，喜歡其一而非另一個，沒有什麼理由。而且由於無以數計的故事，傳說對於這些故事也毫不確定，從最基本的信仰條文，到那些鬆散、不確定虛構文學之間的關係難以被察覺。

因此，無論你什麼時候接近這種異教，只要逐一審視它，似乎就會煙消雲散，它從來沒有任何固定的教條。但這沒有影響人們對如此荒謬信仰的熱衷，人們什麼時候才能不喪失理智呢？這使那些堅持自己原則的人更加茫然，更會使有些人以堅絕不信教的想法與之抗衡。

我想，每個人想到戰神和維納斯的情事，或朱比特和潘神的調情，都會忍俊不禁，如果它在凝重的詩學中沒有如此輕浮，可謂是真正的詩性宗教。我們發現，現代吟遊詩人已經採用了這種形式，與現代、古代詩人真實的對象相比，沒有更加自由和不敬談起他們認為虛構的諸神。在異教的傳說中多是輕鬆、容易和習以為常的事物，並沒有魔鬼、硫磺海，或任何讓人類產生浮想聯篇的事物。

如果某個民族沒有被宗教體系吸引，並在心靈留下烙印，這個體系必然會遭到有常識人的抗拒，並有著受教育後的偏見。不能推論相反的原則，已經逐漸由理據和推理建立起來，這顯然是不正確的。我知道，倒有可能存在一種相反的推理：任何種類的迷信表現得越是討厭、專橫，越不會激起人們的怒氣和義憤，或吸引他們探究根源；同時，所有宗教信仰對人類知性的凌駕顯然都搖擺不定，受制於各種不同的心性，取決於那些震懾人類想像力的意外事件，只是程度上的不同。現代人其實也常常和古代人的一樣，只是在措辭中更加謹慎。

琉善和他的同胞以及同時代的人，肯定都信仰同一種宗教；如果不是的話，這位和藹可親的作家又何必竭盡對付他的國教？他曾經明白地告訴過我們：那些不相信任何異教傳說的人，都會被異教徒認為是褻瀆和不虔敬的行為。

李維像如今的任何牧師那樣，坦承他那個時代的一般人都對宗教抱有懷疑；然而，他緊接著也像如今的牧師那樣，激烈譴責這種懷疑的心態。誰能夠想像，一種能夠迷惑如此聰明人的迷信，卻不能騙過普通人民？

斯多噶派非常真誠地認同占卜師，在他們的信仰裡，認為從左邊傳出烏鴉的叫聲是吉兆，而從同一方向傳出白嘴鴉的聲音則是個凶兆，只有個叫帕奈蒂奧斯的希臘人，是斯多噶派唯一對占卜和預言表示懷疑的信徒。斯多噶派賦予賢哲許多偉大、甚至不虔敬的稱號，而認為自己自由富有，是個國王，與不朽的諸神一樣；但在審慎知性上，卻比一個老嫗高不了多少。所以說，沒有什麼比這個學派在宗教事務上懷有的情感更可憐的了。

奧理略告訴我們，他在睡夢中收到來自諸神的告誡；愛比克泰德讓我們不要在意白嘴鴉和烏鴉的語言，但並非是因為牠們不會說出真相，而只是因為牠們只能預言我們是否會掉腦袋或喪失財產，但這也改變不了什麼。

一旦斯多噶派將心力傾注於道德時，那麼他們花在宗教的心思顯然會減少，這個派別就是如此，把哲學的熱情結合到宗教迷信之中。

在人們還滿足於迷信的時代，宗教原則也是由不協調的部分組成。柏拉圖筆下的蘇格拉底曾斷言說：人們指控他不虔誠，完全是因為他拒絕相信，像農神薩圖恩努斯閹割父親烏拉諾斯後，朱比特又逼他退位這樣的傳說；可後來，柏拉圖又闡述靈魂有朽的教義是人民普遍接受的意見，這樣的言論豈不是自相矛盾？但是這種矛盾並不是柏拉圖，而是在於人民。

撒路斯提烏斯筆下的凱撒，曾在元老院公開說過「在公共司法法庭上，與西塞羅一致認為關於未來的教義，是沒有人會在意的無稽之談」這樣的話，西塞羅卻在家中假裝是個虔誠的宗教家。

所以我們不難看出：所謂的自由，並非意味著人民有普遍不信教的懷疑態度。這點毋庸置疑，但也有些鬆泛的部分存在人們心中，尤其是國教，能更加貼合人們的心靈。

傳說、神話宗教，和一個系統的學院宗教，本質的區別在於：傳說和神話不會自相矛盾也沒有荒謬之處，人們更願意相信它，同時不會被影響，更不會讓自己的大腦被掌控；而系統的學院宗教則恰好相反。

民間宗教與道德

道德義務沒有任何權利能獲得宗教的稱許，德性被認為是欠社會和自己的。而對一個迷信的人而言，也找不到任何履行的神旨依據，也不會認為侍奉神就會為他的同胞帶來福音。

在《摩西五經》中，記錄了一些道德箴言；但當我們看到這些箴言時，又有多少人會去重視它？。

所以我們必須承認一個事實：在任何宗教中，無論賜予神多麼高尚的人格，許多信徒依舊不是用德性去投合，而是用輕佻的遵奉、放縱的狂熱、著迷的興奮以及荒謬的意見，妄圖得到神的眷顧。

當古羅馬人遭到瘟疫襲擊時，他們從來不把苦難歸因於自身的罪惡，故也不會後悔和改正。他們只任命了一個獨裁官，並在神廟的門上釘了一枚釘子，透過這個行動，他們認為這樣可以撫平被激怒的神，而平息這場災難。他們不去認為是自己的野心和貪婪，才導致原本強大的民族淪落窮困的國度。

在埃伊納島，有個派系策劃了一起陰謀，野蠻狡詐地暗殺了七百名同胞，行事非常殘暴，以至於當一個可憐的逃亡者跑到神廟時，他們竟砍下對方拉住大門的雙手，把他抬出聖所，並馬上殺死他。希羅多德說，他們冒犯了諸神，犯下了無法被饒恕的罪行。

所有的教士每天喋喋不休教導我們：唯有道德才能贏得神的眷顧。可有多少人聽進去他們的話，又有多少會人相信？雖然人們把出席布道當作宗教的本質，但絕不會把德性當作宗教的本質。

雖然這樣的說法被大多數人認同，卻沒人能解釋它。在人們心中，神祇不過是比人類擁有更多的智慧，力量更勝一籌而已。但這並不是什麼絕對性的見解，因為沒有人會如此愚蠢，以至於在理性判斷的基礎上，人們仍然不會將德性作為最有價值事物。

那為什麼，人們不把同樣的情操歸諸於神？為什麼不讓整個宗教，或其主要部分包含這些成就？

如果有人說，因為道德實踐比宗教實踐更困難，所以被人們拋棄。這種說法仍無法令人滿意。

且不論婆羅門和達拉般實踐的極端贖罪苦行，也還有土耳其人的齋月。在這期間，那些可憐的人要在許多天內（常常是在一年中最炎熱的月份、在世界上最炎熱的氣候中）從日出到日落不吃不喝。我想，這種齋月肯定比任何道德義務實踐更加嚴酷，即使是對於極其殘暴和頹廢的人來說，也是如此；俄國人的大齋期和羅馬天主教徒的伊一些苦行，也比為人溫順和善更加不愉快。德性比迷信更能讓人們愉快，迷信卻永遠是可惡而繁重。

或許人們可以接受以下解釋，作為對這個問題的解答：

一個人作為朋友或父母承擔的義務，僅僅是對他的恩人或孩子；在沒有打破自然和道德紐帶的條件下，他也不能缺少這些義務。一種有力的傾向可能會敦促他去履行，一種秩序和道德義務的情操會結合在這天生的基因中。

若一個人確實有德性，不需要任何推動就會自動履行他的義務。即使對於那些更嚴格、更以反思為基礎的德性，比如公益精神、孝順義務、節制和正直也是如此。

道德義務沒有任何權利能獲得宗教的稱許，德性被認為是欠社會和自己的。而對一個迷信的人而言，也找不到任何履行的神旨依據，也不會認為侍奉神就會為他的同胞帶來福音。所以他一如既往尋找至高無尚侍奉神的途徑，而神告訴他的卻不能服務於生活中，或極大傷害了他的自然傾向。

基於這種情況，他接受了本來會斷然拒絕的實踐，因為他並沒有考慮任何動機，哪怕為此犧牲掉不少安逸清靜，他也會更加的狂熱，並與日俱進的虔誠。在欠債還錢和買賣付帳這樣的問題上，他所信奉的神絕不會動容，即使世界上不存在神，這些也都是他應該履行的，並且很多人都這樣做。

但是在這個人眼中，只有絕食或者一些自虐的行為，才是最直接奉承上帝的方法；而當他實踐這些苦行後，就會認為取得了神的歡心，希望神能保護他今生的安全及彼世的永恆福祉，以作為他異乎尋常奉獻的報償。

一位學者在書中寫道：哈米爾卡策劃了一起殺害迦太基全體元老院成員、侵犯國家自由的陰謀，卻因為他太過看重徵兆和預言錯失了機會。事實上，那些著手極其罪惡和危險事情的人，通常都最迷信；喀提林不滿國教的神和儀式，恐懼使他被迫尋找、創造新的儀式和神。

人們已經在這樣的事例中，發現了一種與迷信的虔敬奉獻相容的極大罪孽。我們不能肯定宗教踐行的熱情和嚴謹推論對他道德的影響，但當一個人有惡行的時會更加迷信，更加助長宗教激情。

雖然野蠻殘暴、性情無常是貶義，可教士非但不矯正人類這種惡德，反而鼓勵讚揚。他們告訴人類：神越是可怕，人類就越要馴服，成為忠實的奴僕；越是讓人做些莫名其妙的事，人類越會失去理智，屈服於詭異的指引。

當人們犯罪後，就會產生懊悔和不想被人察覺的恐懼感，內心得不到安寧，只好向神懺悔；當人類內心脆弱紊亂時，都會產生濃厚的迷信，而只有坦蕩堅毅的美德才能摧毀迷信。

總之，如果我們的內心都充滿陽光，就永遠不會相信那些偽造的神，也不會相信幽靈存在；反之，如果被怯懦和焦慮主宰，我們就會把各種野蠻殘暴之舉歸於至高無上的地位。

關於宗教的總結

宗教體系中很多道德原則都很純潔，但當人類實踐這個體系時，純潔就會被敗壞；而一旦恐懼出現，人們的心靈甚至會被這種可惡的情感完全占據。

宇宙框架的統一原理，引導我們信奉這個唯一且不可分割的力量，尤其沒有教育偏見抵制這種理性理論時。儘管未開化的人類是那麼愚昧無知，他們生活在自己非常熟悉的自然中，卻沒有發現一個至高無上的創造者，也沒有任何知性的人提示他們。

如果我們的知性開始思索，必將形成一個理智始因、創造者的觀念，自然中到處可見的對立因素，也會成為完整計劃的證據，並確立唯一的意圖，儘管它無法解釋也無法理解。

我們不可能空想出一種完全理想化的處境。有位詩人曾比喻過：「生活中的每一杯苦飲，是從朱比特兩隻手中的容器倒出，混合而成。」假設有一杯全部都來自其中一個容器，那它肯定是從左手的容器倒出。不管善與惡、幸福與不幸、智慧與愚昧、德性與邪惡，都混合成豐富多彩的生活，並沒有什麼完全一致。就像一切優點都會伴隨缺點，一種普遍存在的相互抵消，在現實中常常發生。

我們發現了一條自然規律：極端活躍的才智接近於瘋狂；高興時也會有至深的哀愁；最為銷魂的快樂伴隨著最無情的厭惡；最誘人的希望同時埋下最嚴酷的失望。一般情況下，沒有誰一生都能保證幸福安康，若遇到不幸、不愉快的事時，誰能平和坦然？所以任何事物越是美好，隱藏背後的事物就越是邪惡。

在一神教的真實原則中，善良、偉大、崇高以及令人愉悅的事物非常突出。因此我們可以想像：根據自然的類推，卑鄙、荒謬、低劣以及可怕的事物，同樣可見於宗教的幻象中。

神被人們所扭曲，人類把神的特質歸結為性情無常、荒謬和不道德。但人類這樣的評論，不過是憑藉宗教的虛構幻象。信奉不可見的理智力量是普遍的現象，這種力量可以被視為神的工匠開始工作的標記，而最能榮耀人類的，莫過於被神從創世的所有事物中挑選出來，使人帶有宇宙造物主的印記。

人類被造物主賦予了一種能力：能夠從自然景觀中推斷出造物主的崇高原則，並且能夠獲得至高無上存在的知識，將之發揚光大，而這一切都是人類的特權。

但讓我們反過來看事情的另一面：縱覽多數的民族和時代，審視一下實際在世上通行的宗教信條，很難不把它們當作病人的幻想。你也許會把它當作猴子假扮人形的怪把戲，而非一個以理性自命的造物主提出的嚴肅、確定的教理式主張。

讓我們看清人類虛偽的本質吧！有些人在宗教團體面前表現的非常虔誠，並聲明他們的信條非常可靠；可是在生活中他們的言談舉止，卻完全無法能找到那些信條的影子。

至高至真的熱誠，不得不讓我們擔憂有偽善之虞；而明目張膽的不虔誠，伴隨的是私下的恐懼和懊悔。

沒有哪個宗教的荒謬如此明顯，以至於那些最偉大、最開化的知性人不會信奉；也沒有哪個宗教的戒律會如此嚴格，以至於不會被極其驕奢淫逸、自甘墮落的人採納。

在這個世界中，你無法找到一個不信任何宗教的民族；如果真的發現了，那麼這個民族可能還是原始社會，頂多稍微脫離了粗野狀態。「無知的痴信之母」這句格言廣為流傳，也被我們的經驗證明。

宗教體系中很多道德原則都很純潔，但當人類實踐這個體系時，純潔就會被敗壞；而一旦恐懼出現，人們的心靈甚至會被這種可惡的情感完全占據。在這種體系影響下，任何解不開的謎，在我們詳細觀察後，往往得到的結果就是懷疑、不確信。而如果人類不開拓眼界，將永遠沉迷於各種迷信中。

電子書購買

國家圖書館出版品預行編目資料

休謨主義的人性科學：人性論、因果問題、歸納推理、自我理論 / 劉燁, 曾紀軍編譯 . -- 第一版 . -- 臺北市：崧燁文化事業有限公司, 2021.12
面； 公分
POD 版
ISBN 978-986-516-953-4(平裝)
1. 休謨 (Hume, David, 1711-1776) 2. 學術思想 3. 哲學
144.47 110019384

休謨主義的人性科學：人性論、因果問題、歸納推理、自我理論

臉書

編 譯：劉燁，曾紀軍
排 版：黃凡哲
發 行 人：黃振庭
出 版 者：崧燁文化事業有限公司
發 行 者：崧燁文化事業有限公司
E-mail：sonbookservice@gmail.com
粉 絲 頁：https://www.facebook.com/sonbookss/
網 址：https://sonbook.net/
地 址：台北市中正區重慶南路一段六十一號八樓 815 室
Rm. 815, 8F., No.61, Sec. 1, Chongqing S. Rd., Zhongzheng Dist., Taipei City 100, Taiwan (R.O.C)
電 話：(02)2370-3310 傳 真：(02) 2388-1990
印 刷：京峯彩色印刷有限公司（京峰數位）

定 價：355 元
發行日期：2021 年 12 月第一版
◎本書以 POD 印製